ほいくしんり
Vol.13

表紙によせて

こんな時こそ自分の夢を
諦めないでほしいです。
いろいろなことで叶わない夢も
あるかもしれません…
けど、それに全力で向かっている人は
絶対に輝いていると思います。
どんな夢を見てもいい、
夢が何個もあってもいい
自分が夢中になれる何かを
見つけてほしいです。
ちなみにボクの夢は宇宙飛行士です（笑）
…なれるかもしれませんよ

絵／文　オガサワラユウダイ

JN118756

写真：かみいしづこどもの森

巻頭の言葉

　今年も1月12日に、全国各地より多くの方々をお迎えして第12回保育心理研究会を盛大に開催することができました。毎年のことではありますが、このように盛大に開催できましたことにつきまして、この研究会を支えていただいております大谷保育協会の理事長はじめ多くの関係者の皆様に、この機会に改めて感謝申し上げたいと思います。

　昨年度も台風19号による大きな災害など数々の災害があり、本研究会に所属する多くの方々も被災されました。被災されました皆様には、心よりお見舞い申し上げますとともに、私たち保育心理士会の出来る支援をこれまでと変わりなく続けて参りました。

　保育心理士会としましては、目標にしていました3,000人会員を達成し、順調に会員が増加しています。また、令和元年度も

本部主催の保育心理士の資格取得講座を引き続き行うとともに、新しい地区での資格取得講座も準備されてきました。そして、重要な役割を担う大学での保育心理士養成とともに大学院における養成などもはじまり、順調に拡大してきています。

　一方、大学における二種の「保育心理士養成」も新たに始まった大谷大学や九州産業大学に続いて新たな大学や短大においても動きが出てきています。このような動きは、保育心理にかかわる教育機関とともに研究者の拡大にも繋がり、保育心理学会の設立とも深く関係してきますので、今後このような動きは一層推進していくことが望まれます。

　保育心理士会としましては、新しい会員

のための資格取得講座の拡大は進んでいるのですが、既に保育心理士の資格のある会員のフォローアップ講座の開催が十分でないために、資格の切り替えができず資格が失効ということが大きな課題になっています。事例研究会や保育スーパービジョン、地域における研修会、キャリアアップ研修等でフォローアップ体制を整備し充実するように努めてきましたが、時代の求める保育心理士の資質の向上につながる内容については充足し切れていない現状があります。そこで、現在保育現場で特に求められている問題に特化した専門セミナーとして「保育言語」のセミナーを新たに創設し、第12回研究会から始めるようにしました。

　保育心理士資格取得講座の研修会については、その出発の時点から「キャリアアッ

プ研修」と位置づけてきたところですが、これまでの長きにわたる実績が評価され福岡県と岐阜県、京都府、兵庫県、熊本県、鹿児島県、愛知県、宮崎県、北海道に於いては、「障害児保育」、「保護者支援・子育て支援」のいずれか、または両方についてキャリアアップの修了証の取得ができるようになりました。来年度以降に於いては、まだ認可の取れていないその他の都道府県にも働きかけながら、この実績を広げ、キャリアアップ研修の修了も認めてもらうように努力していかなければならないと考えています。

　一方、保育心理士を広く知っていただき、活用していただくために、これまで機関誌としての『ほいくしんり』や『保育心理通信』の発行、ホームページでの紹介などに取り組んできましたが、一昨年度よりエイデル研究所から発行されている『げんき』において「保育心理士への招待」というコーナーを特設していただき、保育心理士の紹介記事を連載しています。今後は、皆様方の関係する出版物等にも積極的に紹介記事を提供していただきたいと思います。

　これからの保育心理士会の問題としては、長い間の課題でありました保育心理学会の立ち上げがまだ残されています。これは保育心理学の研究を本格化させるとともに広く関係学会に周知していただくためにも急がなければなりません。
　さらに、保育心理学を専門的に研究する研究者の育成ということがあります。そのために博士課程を含む専門大学院の設立が望まれます。

　いずれにいたしましても、今や保育現場では欠かすことが出来なくなっている保育心理士に対して、一定の行政的な位置づけをしていただくためには、全ての都道府県に保育心理士がいるということを実現しなければなりません。そのためにもキャリアアップ研修との連携も考えながら早急に空白の都道府県をなくしていく必要があります。

　また、新しい年度がはじまり、新型コロナウイルスの問題が起こり、通常の研修やフォローアップ研修などの開催が難しくなっていますので、保育心理士会といたしましては、すでに皆様にお伝えいたしましたように、資格更新期間の延長という特別措置を行いました。また、今後はオンライン講座なども検討して参ります。

　最後に、今回の保育心理研究会をはじめ保育心理士の養成講座、フォローアップ研修、保育心理士登録とその切り替え等、保育心理士にかかわる事務の一切を行ってくれております、大谷保育協会大谷保育協会の関係者の方々に深く感謝し、お礼申し上げたいと思います。

保育心理士会代表　牧野桂一

第12回 記念講演

保育者の関わり
福祉と教育の専門職として

高山静子 東洋大学ライフデザイン学部教授

1 はじめに

私の研究は、保育者が持っている経験値、実践の知、それを言語化、理論化して、他の人たちと共有可能なものにする、つまり「保育者の専門性を言葉にする」ということです。

私自身、保護者から資格を取って保育者に転職をしました。そして、保育士として

福岡市で働いた後に、子育て支援の活動を始めました。子育て支援の活動をしている時に大学院に行き、今は保育者の養成や専門性などを大学で教えています。

保育者の専門性を言語化することとしてまず取り組んだのが、環境を構成する技術を言語化することでした。保育室や園庭などの保育環境が保護者など他の人に最も見えやすい部分です。保育者しか持っていない、小学校の教員も中学校の教員も使っていない環境構成の技術を最初に言語化しました

（『環境構成の理論と実践』エイデル研究所、2014年）。その次に、保育者の「関わり」について言語化しました（『保育者の関わりの理論と実践』エイデル研究所、2019年）。

　『保育者の関わりの理論と実践』で書いた「関わり」とは、声掛けや言葉かけなどといった、一方的に保育者が子どもたちに何かをするというようなコミュニケーションとは少し違うものです。子どもとの応答的な関わり、双方向のコミュニケーションを意識して書いています。

　昨今、「虐待」「体罰」などのニュースが多数報道されています。しかし、家庭も含めて、保育園、幼稚園の多くの園で、実は表面化していない、専門職としてはあまり相応しくない、不適切な「関わり」をしている現実があります。

　背景には、そもそも専門職として関わりを学ぶ機会がないので、個人の資質や人間性を頼りに、子どもたちと関わっている現状があるのではないでしょうか。大学の授業などで、保護者との関わりを学ぶ科目はある

のですが、乳幼児との関わりを学ぶ科目が設定されていません。「子どもと関わるというのは大事です」と言われながら、実際にどうやって関わるのかということは、個々の人間性と努力に委ねられてきていました。

　保育者が質の高い関わりを行えば、子どもが変わるだけではなく、家庭の関わりも変えます。そしてそのことで、体罰を減らすことができます。

　今回の研修は、「保育者の関わりの理論」について伝えていきたいと思います。

2 なぜ専門性に基づく関わりを学ぶ必要があるのか

I　子どもの「保育」の観点から

1）乳幼児期の子どもと人との関わりの減少

　0〜3歳の子どもとの関わりは、大人や小学生と関わるよりずっと難しいものです。乳幼児と関わる、これはたった一人のわが子でも、親であっても非常に難しいものです。

　家庭では、たった一人のわが子に対して、体罰や叱責が使われることがあります。「兵庫レポート」（原田正文、2006）によると、体罰（たたく・つねる・けるなど）を用いる保護者は「いつも」「ときどき」を合わせると、1歳半で50.5%、3歳では67.7%です[1]。このように乳幼児期の子どものしつけでは多くの保護者がたたいてしまうのです。

　こういったことを考えると、もし、保育者が自分の人間性だけと親レベルの関わり

の技術だけで子どもと関わろうとしたら、不適切な関わりになってしまうことがあり得るわけです。

　実際の保育では、1歳の6人の子どもを1人で見なければならないのです。しかも長時間です。また、何も関わりの技術を教えてもらわずに自分でやりなさい、と言われているのが今の日本の保育の現状です。3歳の10人以上の子どもを一人で食事やお昼寝をさせることが簡単にできる人はどこにいるのでしょうか。

　また、今ではどの家庭でもテレビがベビーシッターとして子守をして、人との関わりが赤ちゃんの時から奪われている状況にあります。人と関わる量自体が変わってきてしまっています。さらにこの数年でスマホのベビーシッターが出てきました。人間との関わりは、親や保育者が意識しないと、どの家庭でも少なくなってしまいます。

　これが今の日本の養育の現状です。保育者は、保護者のモデルとしても、子どもの教育者としても、質の高い関わりを行う必要があります。

2）乳幼児期の関わりが子どもの自己イメージをつくる

　保育者の関わりの質が重要である理由は、大人の関わりを通して子どもが自己イメージをつくることにあります。乳児は、自分がどのような存在であるのかイメージを持っていません。子どもは周囲の人との関わりのなかで自己のイメージをつくっていきます。周囲の大人が子どもに対してあたたかく応答的に接するとき、子どもは、自分は愛される存在であると感じます。反対に、周囲の大人が冷たく無視をしたり、否

定的な言葉を使ったりすると、子どもは、自分は愛されていないと認識してしまいます。また保育者が「ダメ」、「危ない」、「○○して」と子どもの行動を否定し、命令するばかりでは、子どもは無力感を学習し受動的になります。

　乳幼児期は、子どもの人格の土台をつくる時期です。保育者が日々行うあたたかく応答的な関わりが、子どもの自己肯定感（自分はいい人間である）や有能感（自分はうまくできるという感覚）などの自分に対する確かな信頼を育んでいます。

3）乳幼児期にかける言葉、やりとりが脳を育む

　乳幼児期を中心にした子どもの脳が形成される時期、3歳の終わりぐらいにまでに、大人がどんな言葉の質と量をかけるか、どんな対話をするか、その言葉の質と量によって子どもの脳の形成に影響があり、その言葉の量と質が小学校、中学校での学力などに影響して、結局はその人の人生全体にも影響する、ということが示されています（『3000万語の格差』明石書店、2018年）。

　今まで保育では、運動が大事、そして手を使うことが大事、ということが言われてきました。しかし言葉の質、人との関わりが子どもの脳を育てるということは、あまり保育では常識ではなかったのではないでしょうか。

Ⅱ　保護者の「子育て支援」の観点から

　今、日本の社会は、貧困、DV（家庭内暴力）や虐待の増加など、福祉の専門性を必要とする課題が増えています。小中学校では、スクールソーシャルワーカーを配置する必要性について議論が行われています。そのため幼稚園でも、乳幼児期の子どもと保護者に対する福祉の機能を高めていく必要性があります。

　最近では、ひとり親家庭、ステップファミリー、国際結婚など家族の形態も多様化しています。完璧な人間がいないことと同様に、完璧な家族もありません。もしも、保育者に専門的な視点と知識がなければ、ひとり親家庭や、経済的に困窮し生活保護を受給する家庭を、欠損のある家庭ととらえ、偏見や差別のまなざしを向けるかもしれません。

　保育士は、児童福祉施設で働くことを前提に養成されています。福祉の専門職は、心身に障がいがある、精神疾患を患っている、離婚した、困難を抱えているなど、人生の嵐の時期に伴走することを職務としています[2]。保育士はその責務を果たすために、福祉とソーシャルワークに関する科目

を修得します。

　保育所と認定こども園は、福祉ニーズの高い保護者と子どもが、優先的に利用する場です。生活に追われ保護者にゆとりがない時期は、子どもも情緒が不安定になりがちです。そのため、保育所と認定こども園の保育者は、子どもの保育にも、保護者の子育て支援にも、より高度な専門性が必要なのです。

Ⅲ　複雑な状況に対応する　ために必要な専門性

　これまでの関わり方は、個人の資質や人間性に任されている状況です。個人の人間性や経験、スキルが強調されているものは職人技であるため養成ができません。また、スキルといっても、「言葉がけ」、「声かけ」といった子どもを動かすための手法や、「子どもがこっちを向く◯◯」など子どもを引きつける手法が注目されました。乳幼児との応答的な関わりについて解説されることは少なかったと思います。

　保護者との関わりは、保育者養成の科目として二科目あります。保育者は、心理専門職のように面接室で保護者と向き合うわけではありません。しかし、個別に関わる心理専門職と同じような相談援助の技術を教えられている場合もあります。保育者にむしろ必要なのは、さまざまな保護者と日常的に応答的な関わりができることであり、必要なことを分かりやすく伝える技術です。この日常的な関わりの技術は、子どもの保育でも、実習生の指導でも、同僚との連携でも同じように必要です。

　対人援助の専門職にとって「関わり」は最も重要な技術です。相手が、保護者でも子どもでも、実習生でも同僚でも、共通する関わりの原則や技術を身につけることができれば、保育者は、日々の仕事がもっと効果的で、楽しくなると思います。

　保育参加を行う園が増え、保護者が保育者の関わりを見聞きする機会も増えました。保育者が質の高い関わりを行っていれば、子どもが変わるだけではなく、家庭の関わりを変え、体罰を減らすことができるのです。

　「関わり」の原則は、大人だから、子どもだから、相手に障がいがあっても障がいがなくても、相手が何歳でも、相手がどの国の人でも変わりません。「何のために関わるのか」、「どういう方法で関わるのか」、「どんなことを大事にするのか」、「人間をどんなふうに見るのか」、保育者にとってしっかりとした背骨のような原則の理論を持っていれば、相手と状況に合わせたより柔軟な動きで保育を行いやすくなります。

3　何のために　関わるのか

Ⅰ　保育の目的

　「何のために関わるのか」という時に、保育の目的、教育の目的に戻ることが大事です。保育者は子どもをただ楽しませる人でも、ただ預かる人でもありません。教育基本法の第1条に、教育の目的を「教育は、人格の完成を目指し、平和で民主的な国家及び社会の形成者として必要な資質を備えた心身ともに健康な国民の育成を期して行われなければならない」と示されています。

「保育所保育指針」には、保育の目的は「子どもが現在を最も良く生き、望ましい未来をつくり出す力の基礎を培うため」行うことと示されています。今日だけではなく、今日も明日もこれからもずっと幸福であるために保育を行う。そういった子どもたちを育てるために今どんな関わりをしたらいいのだろうと考えることが保育者の基本だと思います。

目的に立ち戻ると、どういう関わりをしたらいいのか、選択基準が明確になり、非常に保育内容や関わりを選びやすくなるのではないでしょうか。保育者というのは子どもたちの一生、社会の未来、そういったものを創る仕事をしているのです。

Ⅱ　子どもの一生の　幸福のために

保育所は、子どもの健全な心身の発達を図ることを目的とする児童福祉施設です。「保育所保育指針」には「入所する子どもの最善の利益を考慮し、その福祉を積極的に増進することに最もふさわしい生活の場でなければならない」と示されています。

福祉という言葉は広い意味で幸福を指します。専門職はそれぞれの人が、その人が持っている能力を使ってその人らしく幸せに生きること（well-being）を支援します。

保育者の仕事は、子どもと保護者のそれぞれの幸福の追求を支援して、社会の幸福のために働く専門職である、そういうふう

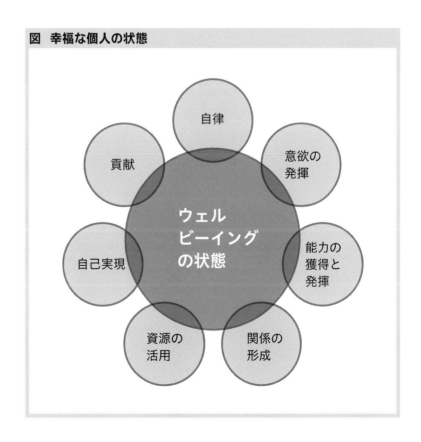

図　幸福な個人の状態

に言えるのではないでしょうか。

　保育は託児ではありません。また単に子どものある能力を伸ばす、そういった教室の講師でもないです。その子どもが今も幸せに、それから未来も幸せに、そして社会も幸せに、そういったことを考えて保育をやっている、これが保育者であると思います。保育の目的を能力の獲得に置くのか、それとも子どもの一生の幸福に置くのか、そのことによって日々の保育内容、関わりは変わるのではないでしょうか。

Ⅲ　幸福とは

　では、福祉学で考える幸福とはどのような状態なのか、ということです。

　このウェルビーイングの状態は、プレゼントをもらって喜ぶような状態とは異なります。また何も悩みや苦しみがなく楽しくニコニコしている状態でもありません。トラブルもなく、病気もケガもしない人生は、想像の世界であり、現実的ではありません。人が生きる上では、様々な苦しみがつきものです。ウェルビーイングの状態は、それぞれの人が、それぞれの場で、病気や様々な悩みを抱えながらも、そのような苦しみとつきあい、助けあいながら乗り越え、その人なりの能力を使っていきいきと生きている状態だと考えられています[3]。

　つまり、図のように、自分で自分の行動をコントロールできている状態、意欲が発揮できている状態、能力を獲得し発揮ができている状態、関係が形成されている状態、自分の使いたい資源が使える状態、自己実現ができている状態、貢献ができている状態、そのような状態を幸福というふうに考

えるわけです。

　こういった状態を実現するためには、させる支援や、してあげる支援、そういった上から目線の何か与えるような支援だけではできません。人生の主人公はその人自身であり、その人が生きる主体になって行動していくことだからです。

　そのため、福祉学では自分でできるように一緒にエンパワーする、これが非常に相手の主体を尊重した関わりの支援といわれています。

　プレゼントをもらってハッピーなど、そういった状態も時にはいいと思います。しかし、人間の欲望が全部達成された状態というのは、生きている間にはあり得ないです。人間関係も何も問題ないという状態も現実的ではありません。人間関係では、全くの他人とコミュニケーションをとっていくのですから、誤解したり、誤解されたりが当たり前で、それをいつも紡ぎ直しながらコミュニケーションをとっていくわけです。

　だから保護者と完璧に関われる、子どもと完璧に関われるというは、現実的ではないのではないでしょうか。むしろ、保育者で「うまくできないんです」と悩んでいる方というのは、実は生き生きと自分の人生を生きている状態だといえるのです。自分の人生の時間を使って、子どもや保護者のことを一生懸命考えて「どうしたらいいんだろう」「どうやったらいいんだろう」と、他人のために悩めるということは、本当にすばらしいことだと思います。

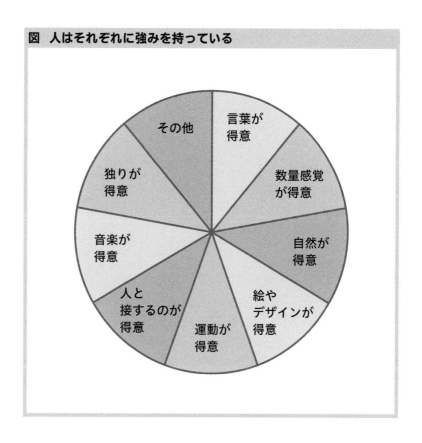

図　人はそれぞれに強みを持っている

（円グラフ内）
言葉が得意
数量感覚が得意
自然が得意
絵やデザインが得意
運動が得意
人と接するのが得意
音楽が得意
独りが得意
その他

4 ふさわしくない関わりを学ぶ

I 違う能力を持ち、補いあって生きる

　私たちの社会は、それぞれ違う能力を持った人が多様な役割を果たし、その調和で成り立っています。コミュニケーションは苦手かもしれないけれど、黙々と1日中ものを作り続ける職人さんもいます。それぞれ人間の強みというのは違います。みんながペーパーテストをできる人だけだったら、社会はほとんど成立しません。強みをそれぞれが生かして社会は成り立っているのです。

　マルチ能力理論、多元的知能理論とは、人間にはいろいろな能力があるという考え方です。ハワード・ガードナーが提唱しているものです（図）。[4]

　例えば、日本の子どもたちに「自分は能力がある」かを聞くと、小学校1年生はみんな「ハーイ」と手を挙げるそうです。ところが5、6年生になるとみんな手を挙げなくなり、中学校になると誰も挙げず「自分は能力がない」と多くの子どもたちが思うということです。自己肯定感が非常に低いと言われます。それは、日本では特に、偏差値やペーパーテストなどで、「言語的な知能」や「論理数学的な知能」だけを測るテストで人間を「輪切り」にしているからです。今、世界の教育の中では、もっと人間

の多様な能力を伸ばしていく、そういう教育をしていこう、元々の能力観を変えていこう、という方向に向かっています。

例えば、自然が大好き、虫が大好き、知識・雑学が大好きという子どもがいれば、ものを作ったり、描いたり、目で見ていろいろなことをやることが得意な子どももいます。それから、運動が得意、人と関わることが得意、音楽が得意、一人でいることが得意。他の人をジーっと観察して隅っこでジーっとしている子どももいると思います。それも全部能力だということです。「能力」というのは様々な能力がある、それぞれ強み、弱みはあるし、どれも伸ばすことができる、けれども人によってそれらは違う、ということです。

こういう「人間観」、人間をどのような存在として見るかを変えることで、関わりが質の高いものになるのではないでしょうか。

Ⅱ　問題行動ではなく、相手が持っている強みとしてとらえる

保育でとても難しいのは、自分とは違った嗜好性と能力を持った子どもたちを保育しないといけない、関わらないといけないことです。難しくて当り前です。

ジリアン・リンのことをご紹介したいと思います。劇団四季の『キャッツ』や『オペラ座の怪人』の振り付けをした方です。

ジリアンは、小学生の時、落ち着きがなくて、授業中じっとしていられなくて、小児科医のところに連れていかされたそうです。その小児科医は、ジリアンの様子を見たり、お母さんの話を聞いたりしたあと、ジリアンを部屋に残して音楽をかけて廊下に出ました。そうしたらジリアンはその音楽に合わせて楽しそうに踊り始めたそうです。それを見て小児科医は「お母さん、この子は病気なんかじゃありません、ダンサーです」と言ったというのです。さらに「ダンス教室に通わせてあげてください」とアドバイスをしたそうです。

さっそくジリアンは、ダンス教室へ行ったら、もう楽しくて仕方なかったそうです。踊り続けることが苦でなかったのです。だから誰よりも上達して一流のバレエダンサーになりました。その後、「ジリアン・リン・ダンスカンパニー」を設立して、振り付けや舞台監督を始め、ついに、モダンバレエとクラシックバレエを融合させた『キャッツ』や『オペラ座の怪人』という名作を作るのです。

人間はいろいろな能力を持っていますが、ジリアンのように小さい頃は、その突出し

た能力が「問題行動」として現れることがあります。

人間というのは、あるがままのその人でよい、誰もがどんな人であっても生活の主人公、その人なりに生活をしている。お互いに対等であって、お互いに依存し合っていて、お互いに弱い存在である。みんなが立派な人にならなくていい、それぞれ自分らしい幸せにみんなでお互いに助け合って、補い合って社会を作っていこう、これが福祉の人間への眼差しです。

私が保育士として働いていた時、人間へのこのような眼差しを知ったとき、「そうか、完璧にならなくてもいいんだ」、「他の先生たちに助けてもらえばいいんだ」、「社会の中で果たしている役割はみんな違う」と、気持ちが楽になりました。

「みんなが立派にならないといけない」、「みんなどの子も同じように育てなくてはいけない」などと、頭の中で思い描いていたら無理が生じてしまいます。みんな違ってそれでもその子にはその子の強みがあると考えると、すごく楽しいのではないでしょうか。例えば、子どもたちが、「Aちゃんってここがすごいよね」、「Bちゃんってここが素敵だよねえ」、「Cちゃん何々博士だよね」と、クラスの子どもたちの素敵なところや強みをお互いに知っている、そういうことの方がむしろ大事なのではないでしょうか。

Ⅲ ふさわしくない 関わりを学ぶ

『保育者の関わりの理論と実践』では、具体的な実践として、「ふさわしくない関わり」についても紹介しています。

残念ながら、不適切な関わりをなくすには、「こんな関わりが良い」と理想を示すだけでは効果はありません。不適切な関わりが多い人ほど「自分はできている」と思いがちだからです。

現場では、あの先生の子どもへの関わり方はどうなのだろうと疑問に思っても、先輩には言いにくいと悩んでいる保育者はいることでしょう。チームワークを壊す行動をとって周囲を退職に追い込む職員に悩んでいる園長先生もいることと思います。現場で指摘しづらい部分を示すために、イラストを掲載しました。

具体的に一部をご紹介いたしますと、例えば、「執拗に長い説教」があります。くどくどと自分が納得するまで子どもに話す、自分の気持ちを全部吐き出して、自分がスッキリするまで話すという状態です。子どもにとって長い説教というのは何の効果もありません。2歳児は2語ぐらいしか記憶しないと言われています。最後に「ちゃんと分かった？」と言われたことだけ分かっているという状態です。

また、食事などで「食べなさい」とする「強要」もふさわしくない関わりの一例です。無理に子どもの口の中に入れたり、嫌がる子どもを一人だけ残して食べさせたりするのは体罰に含まれます。

ネガティブな行為は、実際に保育をしている保育者を批判することにもなるので、本に取り上げることには悩みました。しかし、子どもにとっていい保育をしたい、いい保育者になりたいと思っている保育者が圧倒的多数だと確信しています。批判というより、いい保育をしたいという思いの後

図　保育の専門職としてふさわしくない言葉の例

押しのつもりです。詳細は、書籍のイラストを参照ください。

5 　園内研修での高め合い

I　園内研修の仕方

　子どもや保護者との関わりは、一人で、またグループや園内研修で、技術として身につけ、高めることができます。

　例えば、園内研修などにおいて、書籍を使って演習を行うとします。一つの演習の時間の目安は1時間です。話しあう時間を短くすれば30分でも可能です。そうした演習は、正解を求めるものではありません。お茶を飲みながら、リラックスした雰囲気で行いましょう。話しあうことでよりよい関わりを発見する性質のものです。本やワークは、あくまでも話しあいの材料という認識が大切です。

　模造紙やマジックを使って記録を残すと、全員が発言しやすくなります。グループの人数は5人以下が適切です。6人以上になると発言や参加をしない「お客さん」が出やすくなります。ファシリテーター（進行役）には、主任・主幹教諭、研修担当者、養成校教員等が適しています。グループワークでは、見学者がいない方がよいので、ファシリテーター以外の園長や主任はグループに入ってください。

　グループのなかでは、ベテランの保育者や、主任・園長等は、自分が話しすぎないように留意しましょう。ベテラン保育者には、あなたはどう、あなたはどうと言って自分が意見を言わずにドンドン意見を引き出す役割をしてくださいね、と事前に伝えておくことも大事なポイントになります。

　演習の前後には、グループで該当する書

籍の理論を読みます。一人ずつ交代して一つの章を読むと、その場にいる全員が声を出して読むことができます。読む人は、「グループ全員の体に届くようにゆっくりと読むこと」、聞く人は「大事なポイントに線を引きながら聞くこと」を伝えると、話す・聞く技術も高まります。理論を読むことで、根拠に基づいて実践を行うことができます。

Ⅱ　演習の選び方

　どの演習を行うか、園ごとによってそれぞれ課題が違います。

　例えば、ある園で保育者の退職が多い、保育者間のチームワークが悪いという悩みを持つ園長先生がいたとします。その園はまず周りの人を肯定する、肯定的な言葉、温かい言葉というのを園の中で増やすことが大事になると思います。「肯定的（ポジティブ）な話し方を知る」という演習を行いましょう。実は、「関わりでは園長先生がすごく大事である」、「園長先生が関わりの中心である」、「園長先生や主任がいいところをいつも見つけて言葉にするのは当たり前のことです」、ということが書籍を読み合うと書いてあります。園長先生も気づき行動変容へとつながっていきます。

　その他にも、肯定的なチームワークはよいけれど、受容するのが苦手、意見をしっかり言うことが苦手、みんなで意見を出し合うのが苦手など、自分たちのチームの課題を園長先生や主任の先生と一緒に選んで行うことが大事です。

6　おわりに

Ⅰ　人間は変わることができる

　虐待の未然予防ができるというのが園や子育て支援の特徴だと思っています。保健師と保育士は予防に携わることができる、数少ない専門職だと思います。虐待の発生した後にそれをどう対応するかという専門職も多くいます。でも虐待を発生させない、小さな頃に叩かれた過去をもつ保護者に対して、どう叩かずに怒鳴らずに関わりを持つのか、親とは違う新しい育児モデルを伝えることができる、それが保育者、子育て支援の場所にいる人の役割になると思います。

　新しい育児モデルを伝えられる場所というのはそんなに多くはありません。そういった意味でも新しい育児モデルを見せるためには、保育者がいい関わりをできることが重要になります。

　今まで虐待の世代間連鎖というのが保育の中で伝えられてきたかと思います。しかし最近は虐待の世代間連鎖は神話である、虐待をされても虐待しない親になれる可能性の方がある、そう言われるようになってきています。また脳に障害があると脳はもう二度と発達しないと考えられてきました。ところが今は、脳は大人であっても回復できるし、発達できる、そういう風に知見が変わってきました。「虐待された親は虐待する親になる」という神話を広げるよりも、「人間は学べる、親とは違う子育てができる」という考え方を広める方がよいのではないでしょうか。

今は心理学も「人間は変わることができる」という前向きな方向へ変わってきています。過去を癒すよりも、今日の体や言葉、行動を変える治療が効果を発揮しています。新しい考え方を学ぶことによって、保育者は自分や保護者への見方を変えることができると思います。

過去は変えられませんが、今と未来は変えることができます。今日から関わりを変える、行動を変えることで人間性も変わることができる、保育はそれができる仕事だと思うのです。日々子どもと保護者に心をつくす中で人間性を磨ける素晴しい仕事だと思います。

Ⅱ　対話の溢れた保育へ

これまで保育では、子どもに声をかけたり、ほめたりすることが大事なことと考えられてきたように思います。しかし大人から一方的に指示され与えられた経験が多い子どもは、これから出会う人とも一方的な関係をつくる可能性はないでしょうか。

暉峻淑子さんが『対話する社会へ』という本のなかで「戦争の反対は平和ではなく対話です」「いじめ、暴力、戦争、それらはすべて対話をしないことから始まるのです」ということを書かれていました。(暉峻淑子『対話する社会へ』岩波書店、2017)。

保育者は、保育の場所を一方的な声掛け中心の一斉保育から、対話のある、対話の溢れた保育へと変えていくことができる立場にあると思います。

私たちが本当につくりたい未来、対話的な社会、いじめや暴力や戦争がない社会を作りたいと思ったら、今の保育と養成の場所を対話に満ちた場にすることで、私たちの社会の未来は変えることができるのではないでしょうか。私は、保育の質を高めることは社会を変えるソーシャルアクションだと思っています。そういう意味で保育は本当に未来を創る仕事だと思います。

乳幼児期は生涯の土台であり、親子関係の土台をつくる時期です。保護者や子どもたちに日々笑顔を向けようとしている保育者は、どれだけ多くの人に、安心やあたたかさを広げていることでしょう。

保育者は、毎日その仕事で、子どもと保護者の今と未来の幸せを支えています。もちろん、その仕事は、楽しいことばかりではありません。保育者は、子どもや保護者との関わりのなかで自分の性格や人間性について思い悩むこともあるでしょう。日々悩み続けている皆さんには、頑張っている自分を認め、自分自身も大切にして、今後も元気で仕事に向かってほしいと願っています。

※文責編集部＝本論稿は、2020年1月に開催された第12回保育心理研究会での講演記録に、『保育者の関わりの理論と実践』の内容を加えて構成したものです。

引用文献

1) 原田正文『子育ての変貌と次世代育成支援―兵庫レポートにみる子育て現場と子ども虐待予防』名古屋大学出版会　2006。最新の調査では、年齢別ではないが2017年に（公）セーブ・ザ・チルドレン・ジャパンが行った調査でも70.1％の家庭で体罰を用いたことがあるという結果がある。(報告書『子どもに対するしつけのための体罰等の意識・実態調査結果報告書−子どもの体やこころを傷つける罰のない社会を目指して』2018)

2) 卯城ひさゑ「格差と貧困、保育所に見る親と子の暮らし」全国保育団体連絡会・保育研究所編『保育白書2007』ちいさいなかま社　2007

3) 北島英治、副田あけみ、高橋重宏、渡部律子編『ソーシャルワーク実践の基礎理論（社会福祉基礎シリーズ）』有斐閣　2002

4) ハワード・ガードナー『MI：個性を生かす多重知能の理論』松村暢隆訳　新曜社　2001

高山静子

東洋大学ライフデザイン学部教授。保育と子育て支援の現場を経験し、平成20年より保育者の養成と研究に専念。平成25年4月より東洋大学。教育学（博士、九州大学大学院）。研究テーマは、保育者の専門性とその獲得過程。著書に『子育て支援ひだまり通信』『環境構成の理論と実践』『学びを支える保育環境づくり』『子育て支援の環境づくり』など。

本当にそれで
いいのだろうか…

脇淵徹映

幼保連携型認定こども園
ながらこどもの森　園長
公益社団法人大谷保育協会　顧問

10の姿は子どもを覗く
10の窓

　みなさん、ようこそお越しくださいました。そしてお二人の先生ありがとうございました。

　僕からのコメントですが、発表を聞き、皆さんからの質問などをお聞きしながら、気がついたことを少しお話しできたらと思っています。

　いわゆる10の姿というのがみなさんの心の中に引っかかっていますね。幼児期の終わりまでに育ってほしい10の姿というのに、目標ではありませんとか言われると余計にややこしくなって、やっていることにいつもいいわけを考えるというか、目標にしてはいませんが、目当てに

はしてるとか。言い換えてみてもなんだか腑に落ちません。

　僕は五領域もそうなんですが、10の姿は子どもを覗く10の窓だと思っています。

　どの子も誰もが一生懸命子どもをしているというか生きているという事実がまずあって、その姿を僕たちがどのようにつかんでいくのか。

　実は五領域の方が今話題の非認知能力をしっかりとらえていますよね。10の姿になるとより具体的な表現になるのでわかりやすいけど、先ほどのように「そのように育てましょう」という気持ちがついつい動いてしまう。

　「健康な心と体」とありますね。園で生活する子どもたち

に何をどうするというのではなくて、生活するその姿に生きる意欲を見て取ることができるでしょうか。

　保育者自らが今を確かに生きようとすればこそ子どもの意欲を感じることができます。窓はすでに開いているのではなく、子どもも大人も開けようと思わなければ開かないのです。

　「食べる」ということを少し考えてみると、赤ちゃんが離乳食を食べさせてもらう姿がありますね。どんなことに注意をするのでしょう。正中線にというか、正面から「アーン」というように。保育者の目はどこを見ているでしょう。赤ちゃんのお口でしょうか？それでは赤ちゃんは

どこを見ているでしょう。

実際、私たちがものを食べる時を思い出せば、必ず今から食べるものを見ます。

しっかり見て食べるのです。今から何を食べるのか。しっかり見てもらうことがまず第一にあるわけです。とにかく口に入れるのではなく。赤ちゃんが食べに来るというのでしょうか。見て食べたいと思って体が前に動くのです。そのように食事を楽しむことが赤ちゃんの体や心作りに欠かせないのです。6年間の育ちはいつの時も窓を開けて見合う成長の時でなければならないのでしょうね。

実践報告を受けて

山﨑先生のお子様への関わりも真剣に生きようとするお子さんとそれを真剣に受け止めて生きようとする姿を感じることができました。

いつも思うことですが、療育の場へ子どもが出向いてできないことができるようになったりすることもあるだろうけど、親御さんが育つというか、子を持って初めて親になると言われますよね。子が一つなら親も親になって1歳だと。でもなかなか僕たちはそのように思えない。子どもが子になる前からずーっと親をやっていて、人生の大先輩だと思ってしまうのです。そんな、僕たちの浅はかな気持ちを子どもが引きずり下ろしてくれるようですね。療育は子どものためだけでなく、親のために

あるのだと思うのです。

植田先生の発表では鉄棒の話も出ました。

子どもの体力が低下しているのは周知の事実なんですが、陸上競技の記録はより早く、より高くなっています。卓球や体操、水泳なんかも若い人たちが素晴らしい成績をあげているから、きっと人類の体力はそこ上がりしているのだろうと思ってしまいますね。幾分古い話なのですが、2007年の調査で当時の「5歳児の運動能力は25年ほど前の3歳児と同じ」というのがありました。それから10年以上たっています。もちろん縮まることはないのでしょう。子どもたちを取り巻く環境は大きく変化し、ゲームで育った子どもたちが大人になり、親子で楽しむことはいいのでしょうが、体はほとんど動きません。

自動車などでの移動はもちろん、大人は健康のためと歩くのですが、子どもはベビーカーで移動します。子どもたちは歩くことが少なくなり、筋力が十分に育ちません。

NHK「クローズアップ現代+」で「子どもの体に異変あり〜広がる"ロコモティブシンドローム"予備軍〜」(2014年4月23日)が放映されました。そのリード文には『「しゃがめない小学生」「片足立ちでふらつく中学生」――いま、子どもたちの体に"異変"が起きている。宮崎や島根などで5000人以上の子どもを調べた調査でも、およそ10人

に一人の割合で、骨や筋肉などの「運動器」に疾患のある恐れがあることが判明。さらに、バンザイが出来なかったり、手首が十分に反り返らなかったりなど、手足や腰の運動器が十分に機能していない子どもも少なくないことが新たに分かった』とあります。

小学生になってこのようになったのではなく、おそらく乳児期や幼児期の育ちにも大きな問題があるということでしょう。

もちろん、どの園も「体力つくり」にはそれぞれ工夫されていると思います。がしかし実際は期待できるような育ちが見えていないということのようです。

よく、子どもの姿をとらえて、落ち着きがなく、ジッと座っていることができない。などと指摘されることがありますが、はたしてそれは集中することができないという心の問題だけでなく、筋力に課題があるのかもしれません。

筋力が弱いと背筋や腹筋も十分に育ちません。すると、背筋を伸ばした姿勢を保つことができなくなります。私たちは大きな誤解をしているのかもしれません。

さて、食べる話に戻れば、しっかり座ることができないので十分に食べることができなくなります。しっかり食べものを見て、適量を口に運び咀嚼する。食の問題は体や心の問題に直結しているのですね。

食べることでは好き嫌いが問

題になることもよくありますね。たまたま山﨑先生も植田先生も好きなことを大切にということをおっしゃいましたが、好きなことができる、あるいは好きなものができることが我慢する心を育てることにもなります。

我慢を強要してはいけないと言うことは誰しもが知っているのですが、残念ながら強要されているかどうかは、させられる側にしかわからないと言うことがあります。好きなものができ、嫌いなものができてくることが心の成長にはとても大切だと言うことを時々思い出してみたいものです。

さて、今回はゲストに高山先生をお迎えしています。先生が紹介されている『3000万語の格差』という本があるのですが、子どもが3歳を迎えるまでに指示語や命令語でない、なにげない言葉のやりとり。それを意識せず日常の生活のなかでできた家庭とできなかった家庭では3000万語もの差が数えられたと言うことですが、私たちと子どものやりとりではどうでしょう。指示をしたり命じたり、そんな言葉は当たり前に耳にするし、自ら使うのです。しかしそうではない、協調したり、感動したり、感心したり、驚いたり、子どもと一緒の時間を過ごす毎日にはそんなことがたくさんあるのですが、どれほどその心を言葉として伝え合っているでしょうか。

3000万語を伝えられた子どもも育つけれど親の成長もあるでしょうね。わたしたちにすれば保育者としての自分の育ちがあるということでしょう。

午後のお話をとても楽しみにしています。

おわりに

最後に、キャリアアップとかスキルアップとか、私たち保育者の毎日にも、そのような言葉が多く使われ、勉強しなさい。学びなさいと言われるこの頃です。非認知能力もそうですが、認知能力と言われる、思考力、伝達力、判断力、問題解決力、などなど〇〇リョクという「力」がつく言葉が並びます。なんだか保育者が、子どもに体力をつけようと体育遊びをするようにいろいろな力を子どもにつける話のように聞こえてきます。そしてけなげに子どもたちはその大人の気持ちにこたえるように努力してくれることがままあるのです。

本当にそれでいいのだろうかと思います。様々な日々の活動に子どもとともに過ごす中で私自身をブラッシュアップできる大きなきっかけというか、種が潜んでいるとは思うのですが。

そんなことを感じさせていただく分科会だったと思いました。ありがとうございました。

脇淵徹映
幼保連携型認定こども園　ながらこどもの森園長。公益社団法人大谷保育協会顧問。保育心理士会認定委員会認定委員。

我が子を通して
みえたこと

山﨑千晶

保育心理士

はじめに

　このたび私のこどもを通して様々なことを体験し、又同じように悩む保護者やこどもたちのことを知ってもらいたいと思いました。子育てをしていく中での保護者の気持ちやまた、気になるこども自身の気持ちなどをもう一度考えていけたらと思い、発表させていただきました。

息子のストーリー

　私のこどもは13歳女児、11歳男児、9歳女児の3人です。

　今回は11歳男の子が2歳くらいからの話をしたいと思います。

　2歳の頃の彼は、元気いっぱいで活発な子でした。買い物などへ行くと迷子になることが多々あり、食事中もじっとしていませんでした。座れるのは一口食べるくらいで、すぐに席を立つことが多く、また急な予定の変更があるとパニックになることがよくありました。夜泣きも毎日で、暴れるので、姉妹を避難させることが日課でした。健診が近かったのもあり、通っていた保育園に日頃の様子を聞きましたが、優しい先生で、「大丈夫よ」と本当のことは言ってくれませんでした。訓練を早く開始した方が良いことがわかっていたこともあり、自分で療育に連れて行くことにしました。彼のことを思うと、一日でも早く訓練をさせていくことが良いこともわかっていたのですが、と

ても辛く、またこんな体で産んでしまったと自分を責めてはこどもが寝た後に毎日ベランダで泣いていました。診断がついたわけでもないのですが、療育＝しょうがいのある子と思い込み、また「受け入れる」という壁の高さを越えることができなかったと思います。療育の先生から「診断をつけようと思ったらみんなつけることができるんだよ。お母さんも僕もね。」と言われ、真っ暗な闇に光が差したように思います。

　それから2年間通い、大好きなサッカーとの出会いから、集団行動でも我慢や急な予定の変更などに柔軟になり、また、夜泣きもなくなったこともあり、療

育へ行かなくなりました。小学校へ入学。彼は支援学級へ通うようになりました。

もう5年生。来年は普通学級です。

園生活で聞きたかったこと

健診で話をする前に園での様子を知り、家庭での様子とともに話をすることが彼のことを分かってもらえると思いました。

園で聞きたかったこと

1. 集団行動はできているか
2. 部屋から勝手に出ていないか
3. 粘土遊びなど手などが汚れる遊びを嫌がらずできるか
4. 友達とのコミュニケーションは取れているか
5. 苦手なことに取り組めているか
6. 急に怒ったり暴れたりしていないか
7. 食事中離席していないか

家庭ではできていないことを園という違う場所ではどうなのか、我が子の普段の様子を知るとともに、「みんなと同じようにできているんだという安心感」も欲しかったと思います。

私たち保育・教育者は、保護者が何を知りたがっているのか、保護者が何を求めているのかを見極めることが大事だと思いました。保護者の気持ちになり、話をしていくこと。また、良いことだけを伝え、その時喜んでもらえたらよいではなく、先を見据えてどうしたら良いかを共

に考えていく事を伝え、一人で悩まなくても良いんだと思ってもらえるように、療育へつなげていくことも大事です。伝え方次第では、気持ちよく他の機関へ行かせたいと思うと思います。日々コミュニケーションを取り、話をしやすい環境作りをしていきましょう。

保護者ってね

保護者の気持ちについて考えていきましょう。

保護者は自分のこどもの悪いことを言われると傷つきます。時に苛ついたりもします。逆に良い事を言われると誰よりも喜びます。自分のこどもの事は、誰よりも悩みます。また、自分のこどもと他人のこどもを比べてしまい、気にします。時に凹みます。

自分のこどもの事を考え、保護者にとって大きな事になればなるほど、受け止める事に時間がかかります。

たくさん悩み、たくさん泣いてたくさん喜ぶ、それが保護者ではないでしょうか。

グレーゾーンのこどもとは

一般的に発達しょうがいの傾向にはあるが、診断レベルではないこと。

ある意味で誰でもグレーゾーンだといえます。

グレーゾーンのこどもについて考えてみましょう。

グレーゾーンのこどもは診断がついていなくても、そのこども一人一人にあった保育をし、療育との連携を取り、園や教育の場を通して訓練を取り入れる事ができたらと感じます。日々の時間の多くは保育園や幼稚園、教育の場で過ごす事が多い事から、専門的な訓練はできなくても、舌の動きのトレーニングや体感をつける運動遊びや様々な感触に触れていく感触遊び、日々の生活の中で10の姿を柱にして、たくさんの力を育てていけたらすべてこどもの為になるのではないかと思います。

グレーゾーンのこどもは、診断がついていない分守ってもらえません。教育課程中は守られる環境にあるのかもしれませんが、社会に出てしまえば、皆さんと同じように接せられます。ですが、ギリギリ診断がつかないという場合では、変わった人だと思われる事が多くなります。

支援を受けている場合、我慢しないで自由を許されるケースが多いように思います。しかし、診断がついていない分甘い生活をしていけば行くほど、将来困りが多くなってくると思います。困りの部分だけを取り除くようにし、みんなと同じように生活をしていくことも大事ではないでしょうか。

我慢する力

教職員と話す機会があり、現代のこどもは、「きれる」ことが多いと聞きました。教職員と話

していく中で、なぜきれるのか
を考えました。

「我慢する力」がついていない
事が要因の一つであるのではな
いかと考えました。保育指針が
変わり、「一人一人にあった保育」
というようになり、「我慢」を
しないでも良い保育になっては
いないかと思います。私たち保
育・教育者に何ができるだろう
と思い、日々の保育の中で好き
な事を見つけ、我慢する事を少
しずつ身につけ、4歳頃から芽生
える自発的な我慢をする力にな
る基盤を作って行く事ではない
かと思いました。成長段階で無
理の無いように進めていき、次
の段階へつなげていけたらと思
います。また、非認知能力をつ
けていく事も大事ではないかと
感じています。ちょっとした事
でも、すぐに保護者が入ってく
ることが多くなり、昔に比べた
ら大変だと思います。療育の先
生の言葉ですが、「良い事は良い、
悪い事は悪いとその時にしっか
り伝え、その軸をぶれさせては
いけない。」

こどもは軸がぶれる事に柔軟
に対応できません。この言葉は、
すべてのこどもに当てはまりま
す。発達しょうがいがあるこど
もにしている支援はすべてのこ
どもにしても良いものです。

発達障害のこどももね…

私の周りには、診断がついた
こどももいます。たくさんのこど
もと関わり、話を聞く中で、こ
ども自身の気持ちを聞く事がで

きたので、伝えていきたいと思
います。

Aくんは、中学1年生で15分間
席に着く事ができません。暴言
を吐く事も多いです。トラブル
も多く、気持ちのコントロール
ができません。席に着く時間が
苦痛なはずですが、進学を望ん
でいます。

また、音読が苦手で、読もう
とすると、言葉が出なくなるこど
ももいます。その子は、絵を描く
事が大好きで、将来画家になり
たいという夢を持っています。

多動で、じっとしている事が
できず、何か気に入らない事が
あると逃げてしまうこどもがい
ます。いつも支援員さんが側に
いますが、人間です。一人にな
りたいと思う事もありますし、
そっとしておいて欲しいときも
あります。

みんなと違う感性を持つこど
もは変な子だと思われたりして、
また、トラブルが多いこどもは、
いじわるばかりしてしまい、友達
がいません。しかし、たくさん友
達が欲しいと思っています。だ
からこそ、みんなと同じことがで
きなくても、できるようになれた
らいいなと思っています。そんな
こどもの気持ちをくみ取り、無理
なく少しでもできるように寄り添
い、手伝っていくことこそ「支援」
ではないかと思いました。

大好きを見つけ、こどもの才
能に気付き、優れている事を伸
ばしていけたら、将来の不安も
軽減され、しょうがいの有無は
薄れていくのではないか、また、

自信をつけていけたら「個性」
に対して下を向いているこども
も胸を張って歩いて行く事がで
きるのではないかと思います。

親ってね

親はしょうがいがあることで
こどもに対してどのような不安
があるのかを考えていきたいと
思います。

・将来引きこもるかもしれない
・将来進学できないのではない
　か
・友達がいないのではないか
・みんなと同じように生きてい
　けるのか
・就職できるのか

心配の嵐でした。こどもが将
来どのように生きていくのか見
通しが立たず、不安で仕方がな
いようでした。この事から、少
しでも将来に明るい兆しを差し
てもらえたら、そのために支援
してもらえたら、幸せを感じる
事ができるのではないかと思い
ます。

まとめ

どんなこどもでも同じです。
ただ、苦手やできないことが少
しあるだけで、みんなと差をつ
ける必要や診断名にとらわれる
必要もないことが多いと思いま
す。診断名は誰のためにもらう
のかをもう一度考え、必要に
なったときにもらうでも遅くな
いと思います。そのこどもにとっ
ても、家族にとっても一生つい
てくるモノになります。こどもた
ちのために診断をもらうその日

まで私たちは、一人一人に合った保育・教育をしていけばよいと思いました。

おわりに

　保護者の気持ちが楽になり、心にあたたかく、やさしい光が射すようにしていけたら幸せな事だと感じます。私はそんな保育者を目指しています。

　一人一人、しょうがいの有無を問わずこどもたちや保護者の方が笑って過ごしていけるようになる事を願いながら、私自身ができる事をしていけたらと思います。そして、今回の発表で一人でも多くのこどもたちや保護者の気持ちを理解し、寄り添い、支援し、今後の保護者支援に少しでも役立つ事があれば幸いです。

　また、今回の発表に対してご指導、ご協力をして頂いた先生方、また、多忙な中参加し、ご視聴して頂いた方々。本当にこのような機会を頂いたこと、一人でも多くの方に伝えられた事に感謝しています。

　ありがとうございました。

山﨑千晶
保育心理士

事例を通して見えてきたより良き支援と環境とは

植田亜由美
菊池ひかり保育園副主任
特別支援コーディネーター

はじめに

　私は、保育士として数十年間、沢山の子ども達の支援をしてきましたが、その支援を振り返ると失敗から学んだ事や子どもや保護者との関わりの中で気づいた事（見えてきたこと）があります。それは、全ての子どもに共通したより良き支援があること、また、それには環境が大きく影響しているという事です。その学びや気付きを生かして子どもや保護者へのより良き支援ができないかと考えていた時、1冊の書籍との出逢いがありました。その中に出てきた非行少年の環境背景に着目してみると、過去の偉人の環境背景との共通点が見えてきました。環境に共通点があるのになぜ二人の人生は全く違うものになったのか…。

　そこで今回は、保育園での事例と、書籍の中に出てきた非行少年と過去の偉人の環境背景を比較検討し、「事例を通して見えてきたより良き支援と環境とは」というテーマで発表させていただきました。

よりよき支援とは
事例①
「A君の給食準備の時の出来事（失敗編）」

　A君はおしゃべりが上手で同年齢児が気付かないような物事への理解があり、おしゃべりも出来ますが、自分が納得しないと次の行動にうつせない男児（当時3歳）でした。気持ちの切り替えが難しく、保育園生活の中で活動への取り組みに時間がかかってしまう事が多々ありました。

　ある日の給食準備の時に、座りたい席に座れず泣いてその場に座り込んで動かなくなり、保育士が「明日座ろうか」「（空いている席を指さして）空いている所に座ろうか」等声をかけますが全く耳に入りません。すると、その様子を見ていて状況を察知したその席（A君が座りたかった席）に座っていた友達が席を譲ってくれたのです。A君は、泣き止み立ち上がって給食準備をし始めました。その時に

私はA君に、席を譲ってくれた友達にお礼を言わせそのまま着席させました。

A君が不適切な行動（思い通りにならなかった時に泣いて座り込み給食準備をしないという行動）をしたのに、結果的に自分の思い通りになっている事に疑問を持ちました。

事例②
「A君の給食準備の時の出来事（成功編）」

A君は、その後も給食準備の時に同じような不適切な行動を繰り返していました。

そんなある日、希望の席に座れない事が分かると、部屋から飛びだして廊下の隅に隠れて大声で泣き始めました。その場から離れたのに敢えて大声で訴える様に泣いているのは保育士にそばに来てほしいという事だと思いました。事例①で感じた問

題点を踏まえ、ここでA君のそばに行くと不適切な行動（部屋を飛び出して大声で泣くという行動）の結果思い通りになるという誤学習をさせてしまうので、部屋の中でA君が自分で戻って来るのを待つ事にしました。ただその時に、室外に飛び出したり先生方が声をかけたりしない様に、A君が隠れている場所の前のクラスの先生に事情を説明しておきました。しばらくすると、泣き止んでこちらの様子を伺いながら少しずつ部屋に近づき始め、何事もなかったかのように部屋にいた保育士に話しかけてきたので、そのタイミングで「自分で戻ってこれたね！給食食べよう！」と声をかけました。すると、給食準備を始め空いている席に座って給食を食べ始めました。

A君との関わりで失敗や成功を繰り返した事で『不適切な行

動には反応しない事』『適切な行動（出来て当たり前の事）を見逃さず具体的に褒める事』『適切な行動（正しい方法）を教える事』『自分から行動するまで待つ事』の大切さを学びました。

事例③
「B君の鉄棒とうんていの場面（失敗編）」

B君は感覚の過敏さ、衝動性、偏食等があり、発語がほとんど聞かれない診断のある男児（当時4歳）でした。

年少児クラスの終わり頃、うんていに自分でぶら下がろうとしたり、低い鉄棒で友達がしている足かけ回りを見て自分から鉄棒に足をかけたりする様子が見られ、年中児クラスになると、自分から足かけ回りをしようとして鉄棒に足をかけ、一度回る事もできました。そこで、足かけ回りを確実に出来る様になっ

事例から見えてきた『より良き支援』とは…

不適切な行動や表現には反応しない	一人ひとりの子どもを理解した上での良いタイミングでの支援	出来て当たり前の事でも具体的に褒める
自分から行動するまで待つ		スモールステップで継続的に
頑張らせようとしない		うまくいかない時は方法を変える
	正しい方法を教える	

て出来る事を増やしたいという想いから、鉄棒に足をかけている時に手伝うと、その時も回る事が出来ました。しかし次の日は、特に嫌がる様子は見られませんが鉄棒やうんていを握ろうとしないので、昨日は出来ていたので絶対できるはず、頑張らせてみようと思い、励ましながら取り組ませてみました。すると、次の日から鉄棒やうんていに近づくだけで嫌がる様になりました。

自分から挑戦する位積極的だったのに、なぜ急に近づくのも嫌がる様になったのか。それは、手伝ってもらって足かけ回りをしたときに『頑張って回ってみたけどちょっと怖かった』のではないか、そこで言葉や表情でそれを表現できないまま次の日を迎え、更に頑張らせられた事で近づくのも嫌になったのではないか、と考えました。そ

う考えると、出来た事が出来なくなる事、気持ちを表情に出さず行動で表現することがあるという事を頭に置いて支援する事が大事だと痛感しました。

事例 ④
「B君の鉄棒とうんていの場面（成功編）」

前回の反省を踏まえ、鉄棒やうんていに近づくのを嫌がる時には「しなくていいんだよ」「見てるだけでいいよ」と見学させ様子を見る事にしました。それをしばらく続けていると鉄棒やうんていに近づくことが出来る様になり、その後もB君のちょっとした行動を細かく観察しながら頑張らせない事を心掛けて関わっていると、今度は自分で触る事が出来る様になりました。同年齢の子ども達が何も考えず簡単に出来ている動作（鉄棒を握って足をかける）一つでも、

見学→近づく→触る→握る→数を数える間握る→握ったまま片足をかける　という風にスモールステップで取り組む事で、時間はかかりましたが嫌がる事は無くなりました。その後手伝い無しで自ら鉄棒にぶら下がる事が出来たのは、事例③の出来事があってから約半年後でした。しかし、1年前に出来ていた足かけ回りはその後1年を過ぎても怖がってすることはありませんでした。良かれと思って頑張らせてしまった支援がB君の行動に長期間影響を与えてしまった事から、『個々に応じた支援の重要性』『頑張らせようとしない事』『スモールステップで継続的に行う事』『うまくいかない時は方法を変える事』が大切だと感じました。

事例から見えてきた『より良き環境』とは…

親	保育士
家庭では親が一番の理解者	園では保育士が一番の理解者
子どもを理解し寄り添う	一人ひとりの子どもを理解し子どもと保護者に寄り添う
絶対的な信頼関係上での間違った行動への指摘	短所と思われる事も実は長所それに気づきそれを伸ばす
気兼ねなく力を借りられる安心感	保護者のサポートは子どもの支援に繋がる

子どもを支える親
子どもと親を
サポートする保育士

より良き環境とは

事例⑤
「母親からの連絡帳の内容と
子（Cちゃん）の様子」

Cちゃんは言葉での表現が少し幼くはありますが、休みの日の楽しかった話や友達との出来事を自ら保育士に話す事が出来る子でした（当時5歳）。母親は、嬉しい事や気になる事があるとすぐに連絡帳に書いてくるタイプだったので、精神的に安定している時と不安定な時が分かりやすくその時々の状態に合わせた対応を心掛けていました。そうやって過ごしていると、母親の状態とCちゃんの行動が比例しているのに気づきました。母親が連絡帳に家族で過ごした楽しかった話を書いている時はCちゃんも特に変わった様子は無く、母親がCちゃんの友達関係の事についての心配事を書いてくる時には、Cちゃんが友達から受けた言動を事細かく保育士に言いに来ていたのです。

Cちゃんが落ち着いて園生活

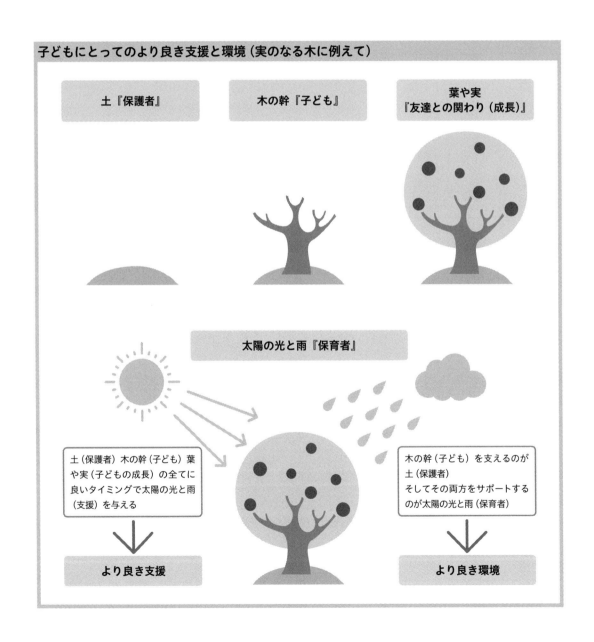

子どもにとってのより良き支援と環境（実のなる木に例えて）

土『保護者』

木の幹『子ども』

葉や実
『友達との関わり（成長）』

太陽の光と雨『保育者』

土（保護者）木の幹（子ども）葉や実（子どもの成長）の全てに良いタイミングで太陽の光と雨（支援）を与える

木の幹（子ども）を支えるのが土（保護者）
そしてその両方をサポートするのが太陽の光と雨（保育者）

より良き支援

より良き環境

を送る為には、母親の状態を把握した上での適切な対応を心掛けていくと同時にCちゃんへの細やかな対応が必要だと感じ、これは全ての親子に共通する事だと思いました。

この事例から、子どもにとって母親は最も影響ある人的環境だと学びました。

「ある非行少年とトーマス・エジソンについて」
〜二人の共通点と相違点〜

「少年院に入るような犯罪を犯した少年たちは、見る力・聴く力・想像する力が弱く、人とのコミュニケーションをとるのが苦手で、発達障がいや軽度な精神遅滞があっても周囲から気付いてもらえず、学校で問題児扱いされたりいじめに合ったり勉強が分からなくなったりして、学校に行けなくなった結果犯罪を犯してしまっている」という内容を『ケーキの切れない非行少年たち』という書籍の中で見つけた時、ふとエジソンの生い立ちを思い出しました。

電気を発明した偉大な発明家のエジソンは、幼少期に学校から問題児扱いされていたり、人とのコミュニケーションをとるのが苦手だったり、発達障がいが疑われたりする点が少年と共通しているのに、なぜその後の人生では大きな違いがあるのだろうという疑問を持ちました。そこで、二人の生い立ちを比較してみると、二人の相違点でもある「それぞれを取り巻く環境」

が大きく影響している事が分かりました。少年は、学校の先生はもちろん親からも適切なサポートを受けられず、寄り添ってくれる存在が無いという環境に対してエジソンは、母親が、どんなに問題を起こしても見守り、認め、間違った行動をしたときには厳しく叱ってくれていたのです。

二人の共通点と相違点を比較してみて、二人を取り巻く環境（保護者と教師）が二人の人生に大きな影響を与える重要な存在であることが分かり、子どもの育ちに環境が大きく影響していることを痛感しました。

保育園の事例や非行少年と偉人の共通点と相違点を通して、より良き支援と環境が見えてきました。それが見えてきたとき、実のなる木の成長にあてはまる部分がある事に気付き、私が考える、より良き支援と環境を実のなる木に例えてみました。

おわりに

子ども達が心身ともに健やかに成長していく為に必要な事は、信頼関係の元に成り立つその子に合った関わり方（より良き支援）と、その子を理解し認め、受け止める存在（より良き環境）だと思います。そして保育士は、より良き支援を実行する、子どもを認め受け止める存在である、保護者がより良き環境になれる様にサポートするという沢山の役割を担っていま

す。そのような役割を責任もって果たすのはとても難しい事で、日々悩む事も沢山ありますが、子どもや保護者の方との信頼関係が確立できた時には、それを超える喜びがあります。そんな喜びを味わえる素晴らしい仕事をさせていただいている事に感謝しながら、子ども達の為にこれからもより良き支援・より良き環境を追求していきたいと思います。

最後になりましたが、アドバイザーの脇淵徹映先生、コーディネーターの今西千春さん、事務局の近藤遊可さんに準備期間から当日までご指導いただき、発表を終える事が出来ました事を心より感謝申し上げます。

参考文献
・ 宮口幸治著『ケーキの切れない非行少年たち』新潮社、2019年

植田亜由美
菊池ひかり保育園副主任、特別支援コーディネーター

事例研究と「援助技術の基本」

佐賀枝夏文

大谷大学名誉教授
前高倉幼稚園園長

はじめに

B分科会は岡先生から「子どもを愛せない継母」についての事例報告がありました。そのなかで「母親のA君の受け入れ」の不十分さや養育態度についての問題点などが報告されました。参加された先生方から、関係機関から情報を得ることや連携の必要性について意見をいただきました。また、保育実践でA君への関わり方の重要性について貴重な意見交換の場となりました。

それではここで、事例を再度「援助技術の基本」に戻って、点検と照合をしてみたいとおもいます。順次紹介しながら、あらたな「気づき」や「発見」を

コメントしながらすすめたいとおもいます。

1 援助技術の基本

「援助技術」は、ソーシャルワークとして一般的に使用されています。歴史的にはケースワーク・グループワーク・コミュニティーワークとしてうみだされて発展してきました。それが統合されてソーシャルワークとして現在に至っています。対人援助の基本として欠くことのできないものとして発展してきました。ソーシャルワークは「ケースワークの段階」を基本的モデルとしてグループワーク、コミュニティワークが機能するように出来上がっています。

ソーシャルワークの特徴は、スタートから終結まで、段階があることです。その流れは順番を追うことで、順次すすめることができるようなシステムになっています。9つの段階の順を追って事例に照合してみることにします。

援助技術の9つの段階

1) ケースの発見段階
2) 受理面接（インテーク）段階
3) 問題の把握からニーズの確定までの段階
4) ニーズ確定から事前評価（アセスメント）までの段階
5) 事前評価（アセスメント）から支援標的・目標設定までの段階

6) 支援標的・目標設定から支援の計画（プランニング）までの段階

7) 実施（インターベンション）段階

8) 点検・検討（モニタリング）の段階

9) 終結、事後評価（エヴァリエーション）の段階

1）ケースの発見段階

保護者の2つのタイプ

① 自らから相談し解決したいという気持ちがある場合、それは自発的（ボランタリー）な気持ちで相談にいたる事例です。園との協力体制も組みやすく、外部相談機関とも繋ぎやすいといえます。

② 保護者の気持ちが「大丈夫だから構わないで」と抵抗感や葛藤があり、いわゆる自発的ではない（インボランタリー）な心理状態の場合は、余裕をもって時間をかける必要があります。インボランタリーな保護者がわが子に適切な手立ての必要性に「気づき」取り組む機会をつくり、時期を待つことが必要になります。あせらないことが肝要なケースです。

事例の場合

母子問題に気づき発見したのは担任であり、園側です。クライエントである母親はインボランタリー（自発的ではない）といえます。

「ケースの発見」の段階は、第一段階として保護者との好ましい、ラポール（良好な関係）を築くことが大切になります。話をしていて気持ちが通じている感覚がもてることが大切です。この事例では、気づいていない母親と問題に気づいた保育者とのコントラストがあります。この食い違いを念頭に第一歩を踏みださなければなりません。この事例のように自ら問題解決しようとしていないインボランタリーな保護者には対保護者との良い関係（ラポール）を築くこと、迷いや不安を軽減し、精神的バリアを除去することも重要なことになります。そして、保護者との「おりあい」、そのための「配慮」が必要となります。

事例のポイント

① 園では、職員同士や職員会議でも「A君の気になる行動」や「困る行動」など、話題となり周知されて浮上します。話題にとどめずに園のこととして周知するように、すすめる必要があります。

② 降園時などに担任が園での様子を伝え、保護者と一致していれば、次の段階にすすみます。A君の母親への関わりには、ラポールを築くことがポイントになります。

③ 再婚、実子ではない事情などの家庭状況や背景を考える必要もあります。そのことで母親が自分を責めていないか配慮が必要となります。

④ 園での様子などを伝えると、家での様子との違いがある場合もあります。押し付け合い、言い分の衝突は避けましょう。

⑤ スーパーバイザーとしては、担当の保育者が問題を抱え過ぎ、精神的ストレスなどを抱えていないかなどの配慮が必要です。

2）懇談、受理面接（インテーク）の段階

懇談では、保護者の抱えた問題を傾聴し、主訴を聞き取る段階となります。また、主訴が具体的であれば、この段階で園の役割や提供できる保育サービスの範囲や限界を説明しなければなりません。このときから、記録（インテーク記録）を残しておく必要があります。

インテーク記録：フェースシートにあたる基本的な記録、記載事項は受理日、連絡先、家族構成、対象児の身体・言葉・社会性、保護者の主訴

① 保護者がどのような問題を抱えて、何を求めているのかという主訴を聞き取ることが主要なテーマです。保護者の抱えた問題を聞き、この段階では、どのようなケースとして担当すべきか考慮して聞きます。

② クライエントは「二つの不安」を持っているといわれます。第一は自分の抱えた問題の不安、第二は他者からどのように見られるかと

いう不安です。この受理面接では、「かかわり技法」をもちいて、関係づくりをします。そして、傾聴、個別化をおこないます。その技法としては、「かかわり技法」が有効です。また、この段階でワーカーは、保護者に「園」の機能や限界を説明し、できる問題に取り組むことを約束します。

かかわり技法：閉じた質問、開いた質問、傾聴技法

事例のポイント

① はじめに保護者との懇談を実施するか、しないか検討が必要です。懇談を実施する時期も検討事項となります。

② 懇談では、どのように伝えるかが、この段階の重要な問題になります。「だれが」「いつ」「どのように」懇談で伝えるか決めなければな

りません。「だれが」は園長、担任、主任が役割ですが、複数の入口は避けた方がいいとおもいます。その理由は、保護者は信頼の置ける担当者に「こころ」を開きたいからです。複数では圧力をかけることになるかもしれないからです。

③ 「いつ」懇談をするかは、保護者に都合のいい時間を決めてもらうのがいいとおもいます。園が日にちや時間を指定すれば、圧力となることや余分な心配をかけ、悪くすれば「呼び出された」という不信感や不可解な「うらみ」になるかもしれません。

④ 懇談で注意すべきことは、他者に聞かれないところで、また、相談場所へ誘うのも十分な配慮をしてください。保護者ですから、わかったものとして「○○で待っていてください」的ないいか

たは避けるべきでしょう。

⑤ 相談中のメモについては、「必要なことをメモしてもいいですか」と配慮してください。はじめに「終了時刻」をおおよその目処で伝えておく配慮が必要でしょう。時間と場所は、相談援助の基本となります。聞き手と保護者を守ってくれます。

　はじまりは「この面接の主旨：園でのお子さんの状態をお伝えしたいので時間をとっていただきました」または、「おウチでのお子さんの状態をお聞きしたいので時間をとっていただきました」ということを伝えてはじめてください。道案内的なガイダンスが安心感をうみます。親しい関係でも「ためぐち」はやめましょう。ほぐれれば、その限りではありません。

⑥ 一般的な配慮として「言葉の遅れ」「気になる行動」については、どのような事例でも発達段階で断定はできないので、成長して解消する場合もあること、また、成長とともに顕在化する場合のあることも配慮してください。また、園でできることと、できないことを説明しておく必要があります。過剰な「大丈夫」や反対に過剰な「不安」を与えない配慮が必要です。

⑦ 「かかわり技法」として、よく話を聞く、うなずく、まと

める、くりかえす、質問技法（閉じた質問・開かれた質問）、傾聴技法などを駆使して話を丁寧に聞くことが大切です。面接の継続が必要であれば次回の約束をしておきましょう。

⑧ 懇談の記録は、時間をおかないで記録（インテーク用紙）しましょう。

⑨ 懇談を終えれば、情報の共有をしておく必要があります。主任、担任保育者、園長など担当者会議で共有しておくといいでしょう。

⑩ 懇談の担当者は、主任や園長にスーパービジョンを受けておくといいでしょう。懇談で気になったこと、聞けなかったことなど整理の場としてください。スーパービジョンを大げさに考えずに実施し、主任や園長は、スーパービジョンで「勇気づけ」してください。

スーパービジョン：ケースを個人で抱えることなく、バイザーに語ることでケースの展望を考える

3）問題の把握から
　ニーズの確定まで

　保護者からの懇談から、親子が抱えた問題について、主訴を聞き取ります。問題の確信を把握します。保護者と対象児の抱えた問題、その解決に向けての方法を含めたニーズ（なにが必要か）をつかみ理解します。

　保護者と対象児のニーズは、

この事例では「一斉保育では、実施されている保育内容が理解できない場合は個別対応が必要である」というなどが明らかになります。そこから、園で可能なこと、園ではできないことを判断します。社会資源（ことばの教室、臨床心理士の巡回相談、加配制度など）の活用を考えます。

ミクロのレベル：保護者と対象児を考える個別のレベル

メゾのレベル：クラスや家族の小集団のレベル

マクロのレベル：園全体のレベル

事例のポイント

① 保護者が「言葉の遅れ」「気がかりな行動」を担当の保育者に打ち明け、心配していることが語られれば、心配ごとや不安を受け止めます。共感して、自園でできないことまで「してあげる的」な言い方はやめましょう。丁寧に保護者の気持ちとニーズを聞き取ります。

② 経験豊富な保育者でも、経験上・・・こうだという断定はやめましょう。「個別」のお子さんのこととして受け止めることが必要です。この段階では「問題の把握」が大切ですから、慎重に丁寧に問題の把握に努めてください。

③ 保護者の養育や将来のことに対する「不安」も十分に考慮してください。予想を越えた「いかり」や「抵抗感」と

して表れる場合があります。

④ 対象児の抱えている問題、たとえば「保育者の指示が理解できない」「友だちの言葉が早くて理解できない」というような問題が起きているかもしれません。

⑤ 自園で取り組むことが難しければ、他の機関などの社会資源の活用も含めて考えてニーズを確定してください。柔軟な態度が必要でしょう。

4）ニーズ確定から事前評価
　（アセスメント）まで

　親子が抱えた問題について理解し、自園内で解決できるか、または外部の機関や専門職との連携が必要か検討します。アセスメント（事前評価）して問題の全体を把握します。

　母子にとって、どのような専門的援助が必要であるか、また、ニーズ確定をおこないます。そして、事前評価（アセスメント）をおこないます。これまでの保護者との懇談や担任士からの得られた情報を「人と環境」について全体的に理解して事前評価をします。アセスメントシートを作成して記録する段階です。

事例のポイント

① 保護者の抱える「ジレンマや葛藤」それにまつわる感情面の表現を理解する段階です。「気にかかること」「困り感」を手がかりに対象児の姿を理解します。

② 保護者の生活の状況、家族構成、経済状況、兄妹関係、保護者との関係などを理解してアセスメント用紙に記録します。

③ ニーズによってアセスメントの目的も決まりますが、保護者の環境、人間関係、生活状況もできるかぎり聴取できると全体像が浮かびます。自閉スペクトラム、多動症にしても対象児の言語面（理解・発語）・動作面・関係性・社会面について聞き取り、また観察（スクリーニング）からアセスメント用紙へ記載してみます。

　スクリーニング：観察ですが、見た目や印象に左右されすぎないことです

④ アセスメント用紙はとくに決まりはありませんから、項目はたとえば、家族図は一般的な記載でおこなう、スナップ写真を添付して解説する（特徴的な遊びの様子の写真）などが有効かもしれません。

　気をつけたいのは、過重な仕事にならないように配慮する必要があります。専門性にとらわれることなく、必要な姿が浮き彫りになるように考えてください。

⑤ 両面から見ることが必要です。保護者として、また、A君からすればという見方が必要です。多方面から見ることで問題が見えてくることもあります。

アセスメント用紙：対象児の発達の姿、言語面、運動面、人間関係・社会性については遠城寺式乳幼児発達検査用紙を参考にしてください

5）事前評価（アセスメント）から支援標的・目標設定まで

　ミクロ（個人）、メゾ（家族、クラス）、マクロレベル（園全体）、それぞれの問題を明確にとらえたアセスメント（事前評価）から、具体的に「なにをどのように支援するか」支援標的を考慮し、そして目標（ゴール）の設定をする段階です。

　アセスメントで得られた保護者やA君への補うべきものを描きだします。そこから支援すべき「標的」を明確にして、具体的に支援すべき「目標」を設定する段階です。

事例のポイント

① A君へは保育者や補助教員がサポートして、一斉保育に参加できるように保育の内容や流れを伝え、理解できるように通訳する役割を見つける

② A君のクラス運営をどのようにするか、全体のクラス運営の方針を立てる。集団保育の「ちから」を配慮、考慮する

③ A君の個別対応について

④ 保護者支援

⑤ 保護者同士の支えあい

⑥ 園の職員間の調整

⑦ 園内の職員の連携

⑧ 社会資源の活用（巡回相談）

⑨ 社会資源の活用（通所施設の併行通園）

⑩ 社会資源の活用（教育研究支援センター・福祉事務所）

⑪ 幼小連携

6）支援標的・目標設定から支援の計画（プランニング）まで

　支援目標を設定にして、インフォーマル（家族やボランティアなど）またはフォーマル（巡回相談員や通園施設の相談員）などの社会資源を活用して、具体的な援助計画をたてる段階です。ここまでに作成したインテーク用紙、アセスメント用紙から得られた情報をもとに、浮き彫りになった支援の標的に働きかけて達成目標を設定し、実現するためのプランを立案する段階です。

事例のポイント

ミクロのレベル

① 保護者の将来の不安の軽減のためのピアカウンセリング（親同士の会）

② 保護者の「抑うつ」段階への対応（心理カウンセリング）

③ 保護者の意思決定の見守りの姿勢

④ A君と一斉保育の浮上する問題への対処

⑤ A君への個別対応

⑥ A君への言葉がけ

⑦ 担当保育者へのメンタルヘルス支援

メゾのレベル

① 保育者の家族への対応や支援
② 対象児のクラス運営への助言
③ 一斉保育・園外活動への支援、協力
④ 園全体への連絡調整、意思決定

マクロのレベル

① 社会資源（教育研究支援センター・福祉事務所）との連携
② 社会資源（通所できる、支援施設）との連携

7）実施、モニタリングの段階

　相談支援の「標的」、支援の「目標」の設定から支援の計画（プランニング）を実施し、同時に実施した内容について経過観察をおこなう段階です。

実施（インターベンション）の段階

① 保育計画に盛り込みながら、一斉保育、園外保育を実際に具体的に展開する。
② 課題の実施のはじめは、課題を盛り込みすぎる傾向がありますから、消化できることを見極めて実施すべきでしょう。
③ 実施しながら、適当で妥当であるか実施と同時にモニタリングを実施することも必要です。
④ 確実に成果が得られればいいのですが、焦らずにすすめることも必要です。
⑤ 成功体験が保育者に感じられればいいとおもいます。
⑥ ここで、点検（モニター）して、解決していない問題があれば、はじめの段階から再試行してください。

8）終結、事後評価（エヴァリエーション）

　現場で実施した内容が、それなりに手応えがあれば、一応の最終の段階ということになりますが、卒園までの期間であることもあり、相談援助の終結となることは少ないと思われます。

① 今回の事例は、終結とはなりにくく、見守り、継続ということになるとおもいます。
② 成功事例になれば、園の大切な資産になります。

2　所見とまとめ

　岡先生から報告していただいた事例は、クライエントは「母子関係」「A君」ということになります。この事例では、「母子関係」への働きかけの難しさがあります。母親が抱えている「実子、実子でない子の子育て」、父親が見えてこないことも問題を難しくしているかもしれません。

　事例研究するときの基本として、「援助技術」の段階に照合してみると「気づき」や「発見」があるかもしれません。「援助技術の基本」として、ある段階で「モニター」して点検・検討するという段階が重要になります。この事例においても、支援をしていく上で「モニター」することの必要性を感じます。あらたな「気づき」と「発見」へつなげるのは、勇気を持って「モニター」することだとおもいます。行き詰まる事案は、再度やり直し検討することがポイントになります。

　私たちの保育実践の歩みは、事例研究を重ねることです。先輩の残した「基本的な理論」の上に現場主義に立って真摯な姿勢で臨むことに尽きます。現場での歩みは先生を育てる「たね」です、素敵な実りある人生の道となることでしょう。

佐賀枝夏文
社会福祉現場の児童指導員、心理判定員を経て、大谷大学教授・大谷幼稚園園長。現在、大谷大学名誉教授・前高倉幼稚園園長。

実子でないA君へ 乗り越えられない壁をつくっている母親

母親の気持ち理解と支援

岡　佐智子

大谷さやまこども園　園長

はじめに

　第12回保育心理研究会の案内を受け取ったころは、A君の行動の原因は家庭環境にあると気づきながら、自分がどのように関わればよいのか迷う日々でした。子どもに愛情をもてない継母にどのように接していくことが、この家庭に少しでもプラスになるのだろうかと悩んでいたのです。特に継母の心に触れるだけの優しさと度量が自分にあるとは思えないので、行きつ戻りつとふがいないことでした。それでもこの家庭が今抱えているような問題は他の園にもあるだろうし、今後増えてくるに違いないと思い、本園の事情を簡略に記して研究会に出しました。

今回発表の場をいただけたことに感謝とともに、人の気持ちを受けとめることの難しさの報告になっていることをお許しください。

　私どもの園は大谷幼稚園として昭和44年に設立され、50周年を迎えた今年度、こども園として出立しました。幼稚園時代に比べ支援を必要とする家庭が多いように感じています。園は30年ほど前から子育て・教育相談機能を有しており、発達相談や検査などは臨床心理士が担当しています。私の方には夫婦の関わり方や夫婦の感情の行き違いが積もり、離婚を考えているなど主に家族に関する相談がきます。

　本事例は5月に途中入園して

きたA君を中心に母親の心情（令和2年2月まで）を取り上げました。

1　本児の概要

① 　A君（5歳5か月）
② 　平成26年8月生
③ 　令和元年5月途中入園

2　家族歴と成育歴

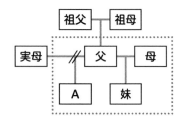

　Aの生後3か月ごろに実母が蒸発し、Aは父親と父親の祖父

母とで暮らすようになりました。乳飲み子の状況で実母がいなくなり、父親は夜勤仕事に変え、昼間はAの世話をし、自営業の祖父母は昼間は店の仕事をし、Aの夜の世話は祖母が担当して育ててきました。授乳期からAを育てた祖母はAに愛着が強く、新しい家族に入ったAの現在の様子を大変気にしています。Aは祖父母の家の近くにある保育園に通っていました。Aが2歳半頃から父親が現在の母親と付き合うようになり、デートに父親はAも連れて行った時もままありました。そのころは、父親の交際相手であった現在の母親は子どもを知らない自分でも母親としてAと一緒に暮らすことができそうだと思った時もあったと言っています。平成29年に妊娠がわかったので結婚することに決め、平成30年7月に女児を出産しました。

3　入園時からの家族の様子

　Aは4歳児クラスに、妹は0歳児クラスに本園に入園しました。当初、朝、子どもを送ってくる母親の目に険しいものが感じられ、母とAの関係に暗さがありました。Aの動きを追っている目があまりにも冷たいのです。対照的に妹を抱いている母親の表情は一転して柔らかく娘の顔をのぞき込んでいます。本園は1階に乳児から2歳児の部屋があり3歳児以上は2階にあります。Aは歩き方に不安があ

り、横に少し揺れながら2階に上がっていくのです。月曜日などAの荷物が多い日にも母親は声掛けもなく助ける気持ちが見られません。Aに対する気持ちの薄いことは明らかです。母親は看護師であり9時から17時までの勤務と証明書に出ていますが、Aは土曜日もほとんど通園してきます。父親はイベント企画の仕事をしており、時々子どもを送って来ますが、勤務時間が不規則のようで朝夕一定の送迎ではありません。

　通園2か月目頃から、土曜日は母親とAの父方の祖父母が一緒に夕方迎えに来るようになりました。母親は1歳になった娘と帰宅し、Aは祖父母の家に泊まりに行くようにしたとのことでした。口は笑って目は哀しみの表情で「おじいちゃんと一緒に3人、うちで過ごします」とあいさつをして車に乗って帰っていく週が年末ごろまで続いていました。

＜生育上気になること＞

　股関節が悪く、走る姿が不安定で、小高い山登りの時も身体が揺れます。この点を母親に質問したところ、病院で診てもらっていないが成長したら目立たなくだろうと気にしている様子が見られません。この点以外は食物アレルギーもなく体重・身長とも平均以上あり健康といえます。

4　保育者の立場からA君の保育の現状と保護者に分かってほしいこと

＜身体的な状況＞

　視力・聴力とも正常です。利き手は右。運動面では股関節が悪く走り方が正常でありません。

＜基本的生活習慣＞

　身だしなみ・挨拶は自分から取り組み、ほぼ身についています。食欲は旺盛でいつも完食で友達に自慢しています。

＜動作・運動面＞

　運動は足が思うように動かないことがあり、苦手意識をもっています。

＜言語・コミュニケーション＞

　発音に舌足らずの面が残っておりはっきりというよりフガフガと聞こえます。

　5月入園当初「おめえーぶっ飛ばすぞー」「かっとばすぞー」等の表現があり保育者が徐々に訂正しながら教えていくとだいぶん落ち着いてきました。Aはみんなに注目してほしがり「おい、お前ら、行くぞー」と声を張り上げることもあります。以前に通っていた園の○○ちゃんが言っていたと言い、恰好よく思っていたようです。

＜行動・社会性＞

　落ち着きがなく、飽きやすい面があります。「飽きた」とよく言います。制作面では自信のな

さをよく表し、手先もどちらかという不器用な方です。しかし、興味あることには集中でき、今は虫にはまっています（10月）。また、土日に見た楽しかったテレビや祖父母との出来事などの自分が経験したことはとても聞いて欲しがり、月曜日はよくおしゃべりをします。自分を注目してほしがることが強く、それが原因で友達との関係がとりにくい時がままあります。発音はともかく口が達者なので余計に話したがり聞いて欲しがるので、Aのこれからの人間関係が一番保育者としては気になるところです。

＜担任が気になること＞

園では集団で子どもたちが育っていきます。個々の子どもたちに伝えられない内容や同年齢の友達との関わりの中で押したり引いたり、ぶつかり合ったりして心地よく楽しく育ち合っていくものだと思います。Aは何より自分を認めてほしい、自分にかまってほしい気持ちが強く、注目を浴びたいが故に「聞いて、聞いて」からクラスでトラブルを起こしてしまいます。自分のしたいことが退けられると泣き、気分の浮き沈みが大きいから友達から外されることが起きています。明るく前向きな面もあり、リーダーシップを取りたがりますが、すねる度合いが大きいので「あの子と遊びたくない」と言われ始めています。前に出たがるがゆえに今後友達に嫌われ

ないか大変気になっており、これからの対応を先生方と相談しようと思っています。

こども園は保護者に対する子育ての支援を行うことが目的の一つです。家庭は乳幼児の最も基礎となる心の基盤を形成する大事な場です。こども園での集団保育を通して育つ面と家庭の果たす役割を充分に話しあえる保育者と保護者の関係が大事です。母親の気持ちに寄り添いながらもっと深まりある関係がもてるような手立てを考えていきたいです。

＜保護者に伝えたいこと＞

大きく二つに分けられます。

**① 子どもの生活面を
　みてほしい。**

週末にもって帰る靴を洗ってあげてほしい。1号・2号認定全員がそろう金曜日に上靴を洗うことを話していますが、汚れたまま週明けに来るので他の園児と目立っています。5歳になっているので子どもに洗い方を教えてあげると出来るのです。土曜日は母親と祖父母と一緒に来るので「靴洗い」を伝えるタイミングが難しくなります。普通の関係なら母親がAの荷物をもって帰り、月曜日の準備をしてあげて、祖父母の家に遊びに行ってもよいのにと悲しいです。Aの通園かばんを開いて中にあるものを確認してほしいし、子どもの作品や提出物・ノート、また園からの連絡袋からの連絡物を取り出している様子がありませ

ん。子どもに尋ねる時間があってもよいのにと思います。当然Aは忘れ物が多くなります。それに比べ、妹の連絡ノートは毎日ぎっしり書かれており対照的です。A君はそろそろ、自分の置かれた立場を分かってきているように見受けられるときもあります。身体的な虐待は見られないが、迎えに来た時の母親に対する接し方の他の園児との違いや大人の顔色を見て気遣っているのが、保育者によく見えるようになってきました。

**② 家庭で数分でもいいから
　Aと話をする時間を
　作ってほしい。**

例えばAが「園でどこどこ行った」と言っても返答なしのようです。「ふーん、どこに行った？」「何したん？」「面白かった？」等の簡単な返答でもよいから話題を広げてあげてほしいです。家庭は年齢の大きく違う者が一緒に住む最も身近な小さな集団です。家庭で子どもたちが育っていくことの大切さに早く気づいてほしいと思います。遠足に行った際にAは仲間から外れてしまったが、その時保育者を独り占めして話がいつまでも途切れませんでした。こんなにも聞いて欲しがっているのかと家庭の空白を強く感じました。

**5　安定しない母親の
　心情に接しながら**

母親のAに対する感情が安定し、Aを受け入れ、Aに向ける気

持ちが深まることができるようになれば、Aの身辺にも目が届くことを願って対応していましたが、徐々にAを中心に母親に接することは間違いではないかと思うようになりました。

これまでの母親の弁をあげると以下のようになります。

「自分の子どもが生まれてからどうしてもAが可愛いとは思えなくなった。夕食を作っているときにしゃべりだされると自分の感情が高まって大声で叫びたくなる。そしてそんな自分が嫌でたまらなくなる。Aを我が子として受け入れようと思っていたが、できないダメだという感情が強くなり自分がAに対してどのように接するか不安になった。家族で相談して祖父母の下で育ててもらうことにして引き取ってもらいしばらく預けた。が、スーパなどへ行くと下の娘が男の子を見ると「にいに、にいに」と片言で言い出し、兄妹愛を感じているのかと思うと、Aに愛情をもてない自分が益々嫌になり落ち込んでしまった。本当は自分が世話をしないといけないのだと分かりつつも、結果的に土日は祖父母に見てもらうことにした。悪いと思いながらAがいないとすっと気分が晴れる自分がいる」。

目の周りを赤くした母親の心情を聞くにつれ、いずれの内容もそうだろうと納得できるばかりで、助言内容を広げることもできず、唯々うなずくのみでした。またこんな日もありました。

「10月に自分とAと娘の3人でいる時に『パパよりママが好き』と言ってくれた。やっぱりうれしかった、けれど当分の間は祖父母にお願いしていきたい」。

「ママが好き」と言ってくれたとの発言のあった後、Aと妹に心動かされた私は以前に聞いた以下のような思いに至ったある母親の気持ちの流れをAの母親に話しました。

「子どもが2人いる男性と結婚した女性の打ち明けです。『子どもが2人いる夫と暮らし始めた当初、子どもの世話が大変だろうと夫の母親も手伝いに来て協力してくれました。夕食をみんなで食べながら、自分だけがこの中で血のつながりがないのだと強い疎外感と孤独に悩まされたものです。やがて夫と自分との間に子どもが生まれ、自分の子どもを通してここにいるすべての者が血のつながりを持っていると思えた時、一つの家族になったと心底安心しました。それから夫の子どもたちにも愛情がもてて一緒に過ごすことに抵抗がなくなった』という実話です」。

しかしこの話を聞いた母親からは感想を聞くことができず、遠くの話のような「ふーん」という反応で響かなったようでした。2人の子どもが家族の結束になり安定した家庭生活が営まれた例は助言した私の独りよがりの結果となりました。目の前の苦しさを訴えている母親を理解できていない自分を知ることになりました。

その後、母親は職場での居心地も悪くなり、勤務を休むようになりました。鬱の傾向が出てきたので職場でカウンセリングに通い始めました。ちょうどそのころ、母親の父親から「家族なら一緒に住むべきだろう」とか「Aに対するしつけができていない」などとたしなめられ精神的に追い詰められていったことも重なったのかもしれません。園に子どもを迎えに来ることがあっても私に会うとすぐ泣きだして「私は厳しく育てられてきたのに、あの子は何か言っても一回でできない」と訴えました。「祖母の家ではテレビをつけて食事をします」「好きなものばかり与えています」。私は二人姉妹です。「自分の子どもの頃を思い出して比べても、Aはテレビを見ている時さえ身体が動いて落ち着いて見ていない」「しつけをしようと何か言ってもすぐ行動できない」「あれでは小学校にいけない」などと感情的になっていました。担任からAの表情が暗いと聞いていた私は、生活習慣への抑圧的なかかわり方が母親とAとの双方を苦しめていることが分かりました。私はできるだけ母親に寄り添い「おうちではみんながゆったりできたらいいね」くらいの声掛けしかできませんでした。そのころから、時には夫の職場に「しつけがうまくいかない」と電話をかけてくるようなことが起きたので、夫の両親と母親との話合いが行われたようです。その後、園へ相

談にAの祖母がきたことが起因の一つになり嫁・姑双方が解けられない関係になりました。Aの祖母は孫がかわいく、のんびり育ってほしいという願いがあり、またAが泊まりに来た日に「僕が悪いからママ許して、みんながいなくなる」と夜泣きしたことにショックを受け関係が悪化していきました。年明けにはAは自分たちで育てて祖父母の家に預けないと決めました。「先生、リセットです」と伝え仕事も再開するようでした。母親は「子育ての中でのいらいら、子どもとの関連性、自分の感情のコントール」と現在の自分の状況を分析しています。仕事は少しの期間だけで再び休みだしました。2月最初の土曜日母親が2人の子どもを迎えに来ました。Aは遊んでいた表情からさっときびしい面持ちになりお帰りの準備をすると1人で玄関に向かいました。外靴をきっちり履いて無言です。妹は口が回りおしゃべりが大好きになり何度も「バイバイ」と手を振っています。祝日のAの生活発表会には妹も連れて父母3人で見に来ました。「楽しかったです。みんなと一緒に上手にしていました」と満足げでした。

これからも母親の訴えに応えながら、時がくるまでこども園がA君の居場所であるようにしようと職員で話し合っています。

おわりに

結婚して共に暮らすようになった初日から継母になること

の大変さを知らされました。異なる環境で生きてきた2人が共通点を見出し夫婦の価値観を作り上げていく道のりはとても難しく離婚は年々増加している現実があります。離婚から再婚への期間は短くなり再婚数はこれまた年々増えています。妻となるのと同時に生活の初日から子育てが始まる、しかも自分の生活感と全く異なるしつけがなされてきた子どもを受け入れての日々が現実化した母親にとって覚悟のうえでしょうとの周囲の目に落ち込むのは当たり前のことだと感じました。子育てと家事が母親の肩にずっしりとかぶさっているのが現状です。子どもを育てることに社会の目がむけられ、数々の支援がなされるようになってきました。今回の相談を受けて初めて私は、実子ではない子どもを育てることに対し理解ある視点をもった偏見のない社会をめざそうと思いました。保育心理士の資格をいただき何とか保護者の気持ちを汲みとれる園長でありたいと願っています。今の私は母親に寄り添い母親の涙を受けとめるだけですが、今後母親が自分の気持ちを解放し広げるようになったら公私の相談機関を紹介していこうと考えています。この夫婦で解決していく課題や嫁・姑との確執、母親の成育歴を振り返れるようになっていくことも大事です。

Aについては股関節の心配は母親が受け入れ、病院で診ても

らうことになりました。言葉を発する際の「フガフガ」と聞こえる構音障害が疑われる点は園で対応していきます。ただ、本文でも述べましたが、母親が迎えに来た時の緊張を解くには少し時間がかかりそうです。母親が妹の部屋で帰り支度をしている間、Aはお帰りの準備をして玄関でじっと立っているので、「暖かい部屋でいてもいいよ」と声を掛けますと、「ママが見つけてくれないかもしれない」とそこを動きません。この姿を見てもAがどんな思いでいるのかがわかります。月曜日から土曜日まで園に来ているのはこの子には今必要なのかもしれない。園は心や身体を休める場所なのだろうと、Aの動きに応答しながら心身休まる園の環境でありたいと思いながらの日々です。

Aは7月から言葉・音声を聞かせる・口声模倣を促す教室に通うようになっています。

岡 佐智子
大谷さやまこども園園長

「園での人間関係（同僚性）構築に向けた取り組み」から学んだこと、感じたこと、考えたこと

目黒達哉

同朋大学　教授

はじめに

　第12回保育心理研究会C分科会の発表者は、静岡県立大学短期大学部子ども学科准教授の副島里美先生で、『園での人間関係（同僚性）構築に向けた取り組み』というテーマでした。コーディネーターは、保育心理士会副代表、明徳保育園園長の本田康英先生でした。本田先生の進行で、柔らかな雰囲気で実施されました。そして、私はアドバイザーとして参加させていただきました。

　副島先生のご発表ですが、前半は「ダブルバインドの状態」「成長の出来る環境か」「保育内容に対する評価」の課題から、人間関係の構築の壁となって、保育

環境に望ましくない影響があるのではないかとのご指摘でした。後半は、人間関係構築に向けて、園内研修で改善できないかとの提言をしていただきました。

　副島先生からは、園での人間関係（同僚性）構築について、壁となっていることとして、「1. ダブルバインドの状態」、「2. 成長の出来る環境か」、「3. 保育内容に対する評価」の3つを提示していただきました。

　そして、副島先生は、同僚性構築に向けた試みの紹介として、保育実践とメタ認知、研修の具体的方法としてグラフィック・ファシリテーションの技法（以下、GFの技法と記す）を取り入れた園内研修の実践について発

表されました。

　さらには研修の効果と課題について発表され、保育現場における今日的課題としてどれも目を見張るものがあり好感を持てたのと同時に、副島先生の内に秘めたエネルギーを感じ、私自身の心を動かされ、とても刺激を受けました。

　ここでは、副島先生のご発表から私が学んだこと、感じたこと、考えたことを中心に、また私の頭に浮かんだこと等を僭越ですが少しふれさせていただきたいと思います。

1　ダブルバインドの状態とメタ認知

　「ダブルバインドの状態」につ

いて、例を挙げていただきましたが、それぞれの受講者の皆様の園でも「ダブルバインドの状態」が生じていると共感された方が多かったのではないかと思います。

園のなかでは、保育者は集団と個との関係で困惑する場面があります。また、長年にわたり園が培ってきたことと自らの保育内容との整合性が見出せない時もあるでしょう。管理職の願いや思いが、現場の保育者に伝わらないジレンマがあります。右か左かと何とか解決しようと私たちは考え、戸惑い、悩み、葛藤します。

しかし、右か左か解決しようとするとうまくいかないこともあるのではないかと思われます。

管理職からは、ある時には「子どもの主体性を大切に」と言われながらも、ある時には「子どもにきちんと」と言われ、特に経験の浅い保育者はどうしてよいのか戸惑い、悩み、葛藤するこ

ともあることでしょう（図1参照）。

また、保育者は園の伝統や慣習と保育者個人の保育実践の在り方との間で戸惑い、悩み、葛藤することもあるでしょう。

さらには職場の人間関係における好き・嫌い、合う・合わないということでも戸惑い、悩み、葛藤するでしょう（図2参照）。

実は保育者にとってこの戸惑い、悩み、葛藤は非常に重要で、この状態をそのままにしておかないことです。たとえば、誰かには話すこと、誰かに話を聴いてもらうことです。そうすることによって、自分自身を客観的に見るようになり、中間的な位置、すなわち間を見出していけるのではないかと考えます。そうすると保育者自身が楽でいられます。これが自律・独立した保育者であると思います。「こんなもんだ」というと軽い感じや諦めに感じられると思いますが、「こんなもんだ」の感覚が重要なのです。「子どもの主体性」に偏るわけでも

なく、また「子どもにきちんと」に偏るわけでもなく、両面を意識しながら保育をしていく感覚です。この感覚が保育の質を高めていくと考えられます。

この感覚を意識できるようになるには、やはり場数を踏むこと、経験を積むことだと思います。保育者は自身の戸惑い、悩み、葛藤を超えたところに、保育者の自律・独立した姿があるのではないでしょうか。

こうした日々の保育実践の葛藤こそが保育者自身が自分を客観視する機会となり、集団と個、個と個、の整合性を見出していくと考えられます。これは副島先生が提示されているメタ認知と関連するところであり、同僚性の基盤になると考えます。

先述しましたが保育者は誰かに自分自身の戸惑い、悩み葛藤を誰かに話すこと、誰かに聴いてもらうことの必要性に触れました。では、聴き役にだれがなるのかということです。それは

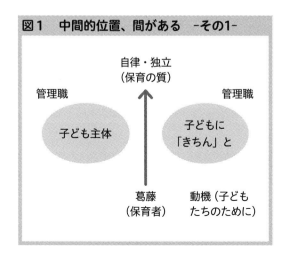

図1　中間的位置、間がある　－その1－

自律・独立
（保育の質）

管理職　　　　　　　　管理職

子ども主体　　　　子どもに「きちん」と

葛藤　　　　動機（子ども
（保育者）　　たちのために）

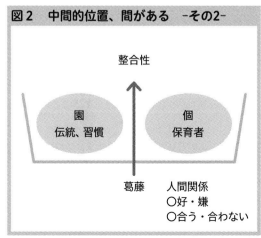

図2　中間的位置、間がある　－その2－

整合性

園
伝統、習慣　　　　個
保育者

葛藤　　　人間関係
〇好・嫌
〇合う・合わない

当然ですが管理職であると思います。たとえば、管理職は保育心理士の資格を取得し、子ども支援、保護者支援だけでなく、保育者の成長やメンタルヘルスにもかかわっていく必要があると思います。

このような技量に関して、保育心理士養成講座等を通して身につけていただきたいと思います。これは管理職のスキルアップ、キャリアアップになると考えます。

2 「自己成長」可能な環境づくり

次に、副島先生からは「成長の出来る環境か」というご指摘でしたが、どこの園でも保育者の成長を願わないものはいないと思います。しかし非常に難しいと感じる所です。この問題点が大事なところだと思いますし、解決に向けての入り口と思います。

私は副島先生のご発表から観念を変えることが重要であると改めて思いました。私の主観かもしれませんが、保育現場に限らずどの現場にも、人の欠点を指摘してそれを直すように要求し、それに応えることが自己成長だというような雰囲気が根底にあるように思います。ここで、発想の転換に迫られます。つまり、保育者の良い点を多く指摘するということです。

人には誰しも長所・短所があり、短所を指摘するのではなく、長所を指摘することが重要です。私の経験からですが、職場のメ

ンタルヘルスの研修を依頼されると必ず実施することは、「ここにA4の紙があります。これを半分に折って、半分にはあなたの長所を、半分には短所を書いてください」と提示します。すると、どうでしょう。多くの受講者は長所より短所を多く書きます。これをディスカウントの状態といいます。現在は100円ショップ（通称100均）が主流ですが、一時期はディスカウント・ショップが主流であったかと思います。まさしくディスカウントとは値引きするということです。つまり、この場合は長所を見ずに、短所ばかり見て、自分自身を値引きする傾向が強いということです。日本人は本音と建前がありますが、特に人前では短所を強調する傾向にあります。ここで使用している「ディスカウント」という用語は、心理学領域の「交流分析」という理論の中に出てきます。

また、副島先生のご発表から私は次のことを思い出しました。保育現場ではありませんが、私がかかわった従業員30名程のある中小企業の研修でのことです。研修会では、ポジティブ・フィードバックの実習を導入しました。ポジティブ・フィードバックの実習とは5～6名程度の少人数のグループで、この1か月間のことでお互いの良かった面を指摘し合うという実習でした。決して相手の良くなかった点（欠点）は言わないというルールです。すると、この企業の社長が

この実習を気に入って、月に1回、社員を集めて実施しました。実施して1年後の報告によりますと、職場の人間関係の雰囲気がよくなって、業績も急激ではありませんがジワジワと上昇していったとのことでした。中小企業だからこそできたことかもしれません。

何が言いたいかといいますと、自己肯定感を高めるということが重要だと考えます。自己肯定感が高まると全体性が見えてきて（周囲が見てくる）、お互いの良い面・悪い面を受け入れつつ、思いやりと優しさを兼ね備えた品のある人に育っていくと考えます。自分の長所・短所を自分自身で受け容れ、他人の長所・短所も受け容れていく。対人関係において受容性を高めていくことが課題であると思います。私は嫌いな人を好きになれと言っているわけではありません。嫌いの人とも仕事上は大人になってうまくやっていくことが重要と考えます。

副島先生のご提案のように、保育者自身が自己肯定感を高め、お互いに認め合えるような園内研修が必要であると感じます。

3 保育内容に対する評価

第3の問題点として、副島先生から「保育内容に対する評価」について指摘がありましたが、これも私はとても難しさを感じています。先述しましたが欠点を指摘してそれを直すことが自己成長だというような雰囲

気が根底にあるように思います。欠点というとかなり否定的なイメージに思えます。欠点というよりも課題点という表現の方が前向きかもしれません。

　保育者の課題点と評価できる点の両方をしっかり指摘し、課題点よりも評価できる点を多く指摘することが重要であると考えます。まずは園内研修の機会を通じて、管理者から保育者へのフィードバックや保育者同士のフィードバックを通じて体験し、こうした取り組みが日常的にも行われていくようになれば、保育者自身の納得できる評価につながっていくと思われます。

　私は大学で学生の教育に携わっていますが、保育関連では保育心理士（二種）の養成に取り組んでいます。学生とのやり取りの中でも、意欲を持ってもらうために評価をすることがありますが、評価の難しさを感じています。

　本学では保育心理士実習が終わりますと事例研究会を実施いたします。保育心理士実習は、つまずきのある子どもの個別支援が主な実習内容になっていて、実習園にもご協力いただいております。本学の保育心理士実習は、10日間で保育士実習のように責任実習や部分実習はありません。実習生は対象児に寄り添い支援していきます。1週目の5日間は対象児の観察をします。その後帰校日を設け、学生は教員と共に、2週目5日間の個別支援計画を立て実習園の協力を得

て実践します。事例研究会では、多くの学生は、最初対象児とコミュニケーションが取れず戸惑い、悩み、葛藤しますが、実習終了間際になって対象児の方から実習生に自分を支援してくれた人と認知してくれたような反応（たとえば、実習当初は無かったが、実習の終了頃に対象児の方からふと実習生の手をつないでくるなど）が現れ、実習生は感動し涙を流す場面が多々あります。このような体験は子どもと実習生が繋がった体験でありここは学生を高く評価します。つまり、ほめるということです。すると学生に笑顔が見られます。学生の笑顔を見ることは、教員にとって極上の喜びとなります。しかし、これだけではありません。最後に少し課題点も伝えます。すると、学生は素直に受け止めます。まずはほめること、肯定的な評価することから取り組むことが重要であると考えます。

4 Aこども園での 園内研修会の取り組みと そのエッセンス

　保育心理士としてご活躍いただいています皆さんは、日々それぞれの現場で、質の高い保育実践が出来るよう日々試行錯誤しておられることと思います。副島先生から人間関係構築という視点から、保育内容の質の向上の取組をお聞かせいただきました。お話の中でありました、「メタ認知」と「メタ統合」のところは今後の園内研修や保育実

践のうえでも大切な考え方だと思います。

　A園内研修の取り組みではGF技法を用いてメタ認知を促し、自己表現（気持ちの表現）、自己肯定・他者肯定、傾聴し合うもので、Aこども園の困りごと（話し合いの風土がない　⇒　陰口、早期退職（新人）、認め合えない雰囲気、協力体制がない）を解決するに有効であったという報告でした。

　こうした取り組みを導入していくには、管理者は既存の概念にとらわれることなく、枠から飛び出ることが重要で、冒険を伴います。大げさかもしれないが少々のリスクを伴うと感じる管理者もいるかもしれない。A子ども園の事例をご紹介いただきましたが、新しいこと取り入れることに対して、理解が進まず関係者から反発を生じることがあります。園内研修を行っているA子ども園も当初保育者の方々のさまざまな反応はあったかと思われます。またどのようにして取り組みに対して理解を求めていくか苦労が伴うと思います。しかし、当たり前のことですが何もしないと何も変わらないということです。

　一方で、私は、これまで実施されてきている既存の園内研修会は否定する必要ないと思います。やり方を変える必要があります。発表の順番が回って来たならば、資料をA4サイズ1枚程度にし、苦痛や負担を軽減するなど工夫をすることです。現場

では、資料は少ないより多い方が良いという観念があるように思います。

私は、副島先生が提案されている園内研修会の形態と既存の園内研修会の形態の両輪が必要でそれぞれの研修に相補性があり影響し合い、またその相乗効果で園内の課題が解決に向かっていくのではないかと考えます。

5 傾聴するということ、共感するということ

副島先生のご発表の中で、Aこども園の困りごとは「話し合いの風土がない」ということでした。「話し合いの風土の構築」するには、「1. 同僚性への気づき」、「2. 他者の声にじっくりと耳を傾ける」、「3. 研修会以外でも少人数のグループで普段の保育を振り返る機会を作る」、「4. 研修会ではGFの技法を用いて可視化（メタ認知）しやすくする」、「5. 研修会の中に発言内容を全員で確認する時間を作る」、「6. 研修会で気になったことがらはとことん話し合いができる時間を作る」の6つを挙げておられました。

その中でも、私は、「2. 他者の声にじっくりと耳を傾ける」に最も関心を持ちました。保育士、保育心理士は対人援助の専門職であり、園児、保護者、同僚、上司との対人コミュニケーションを前提としている仕事だと思います。対人コミュニケーションの入り口は、他者の声にじっくりと耳を傾けること、傾

聴するということです。いわば話し合いの風土の構築には、お互いに傾聴し合える環境が大前提になると私は考えています。

しかし、傾聴することは簡単なようで難しいと思います。私たちの心は過去に未来にうつろいやすく（マインドワンダリング）、眼前の相手の「今ここ」になかなか集中できないと今振り返ってみると経験的に実感できるのではないでしょうか。「今ここ」に焦点を当てることができないならば、人の話を聴くことはできません。

日本でカウンセリングというと、ロジャーズのパーソンセンタード・アプローチを指す場合が多いと思われます。1950年代当初、ロジャーズは傾聴という用語を使っていたようですが、多職種から「傾聴はただオウム返しをしているだけではないか」と馬鹿にされ、それから、ロジャーズは、一切、傾聴を口にしなくなったといわれています。

相手の話にじっと耳を傾けることは、日常生活の中で人間関係を形成・維持するスキルの一つ（Duncan, Bowman, Naidoo, Pillay, & Roos, 2007）、カウンセリングの基本技法のひとつでもある（茨木, 2005）としています。傾聴（active listening）とは相手の話を丁寧に、耳を傾けて、こころのひだまで聴いていく姿勢をいいます（諸富, 2014）。保育現場の事例ではありませんが、コミュニティメンバーの傾聴力が向上することで、コミュニティ

のさまざまな課題可決に役立つことも分かってきました。たとえば、イギリスのコウイとハットソン（Cowie & Hutson, 2005）は高校にピアサポート・システムを導入し、傾聴を練習したピアサポートたちが、仲間の苦悩に耳を傾けることで、いじめに立ち向かい対処する力として奏功したことを報告しています。この報告から、現場は違いますが、副島先生の実践事例に通じるものがあると感じました。

また、副島先生は「色々アドバイスしてくれる先生は『有り難い』先生である。しかし、本当に必要なのは、有り難い先生よりも、保育者の心に寄り添い、嬉しさや悲しさに共感してくれる先生であろう。それが『同僚性』の基盤にあると考える」と述べておられます。

この言葉に私は非常に感動いたしました。この言葉から傾聴に通じるものを感じ、傾聴とは相手の心に寄り添うことであり、それによって相手は受け容れられたと実感し、その向こうに共感が生まれると思います。

おわりに

副島先生、本田先生ありがとうございました。特に、副島先生にはご発表をいただき大変ありがとうございました。私は、多くのことを学び、感じ、考えることができました。

また、本田先生のコーディネートとご参加の皆さんのご協力のもと有意義な時間を過ごさ

せていただけましたこと感謝いたします。大変ありがとうございました。

　今後も副島先生の実践的な取り組みが拡がり、保育現場の同僚性が高まっていくことを願っています。

引用文献

1) Cowie, H., & Hutson, N. (2005). Peer support: A strategy to help bystanders challenge school bullying. Pastoral Care in Education, 23, 40-44.

2) Duncan, N., Bowman, B., Naidoo, A., Pillay, J., & Roos, V. (2007). Community psychology: Analysis, context and action. Cape Town, South Africa: UCT Press.

3) 茨木博子（2005）「カウンセリング技法」福屋武人（編）『現代の臨床心理学』pp.139-154、学術図書出版社

4) 諸富祥彦（2014）『新しいカウンセリングの技法－カウンセリングのプロセスと具体的な進め方』誠信書房

5) 中尾正之・井熊均・木通秀　他（2017）『創造力を鍛える　マインドワンダリング-モヤモヤから価値を生み出す東大流トレーニング』日刊工業新聞社

6) Rogers, C. R. (1961). On Becoming person, Boston: Houghton Mifflin.（村山正治（編訳）（2009）『人間論ロジャーズ全集12巻』　岩崎学術出版社）

7) ロジャーズ（1967a）『人間論　ロジャーズ全集12巻』岩崎学術出版

8) ロジャーズ（1967b）『パーソナリティ理論　ロジャーズ全集8巻』岩崎学術出版

9) 杉田峰康（1991）『講座・サイコセラピー第8巻交流分析』日本文化科学社

参考文献

・安藤延男（編）（1989）『コミュニティ再生　現代のエスプリ』, 269, 至文堂.

・丸野俊一（2007）「適応的なメタ認知をどう育むか」『心理学評論』50, 341-355

・三宮真智子（1998）「メタ認知を伸ばす」『日本科学教育学研究会研究報告』13（2）, 45-48

・三宮真智子（編）（2008）『メタ認知－学習力を支える高次認知機能』北大路書房

・中田行重・串崎真志（2005）『地域実践心理学―支えあいの臨床心理学へ向けて』ナカニシヤ出版

・山本和郎（1986）『コミュニティ心理学―地域臨床の理論と実践』東京大学出版

目黒達哉
愛知学院大学大学院文学研究科心理学専攻修士課程修了（文学修士）。関西大学大学院心理学研究科博士課程修了、博士（心理学）。総合病院小児科の臨床心理士、スクールカウンセラー、開業臨床心理士などを務める。現在、同朋大学大学院人間学研究科研究科長・教授。同朋大学社会福祉学部教授。保育心理士（一種）、臨床心理士。保育心理士会認定委員会認定委員長。

園での人間関係（同僚性）構築に向けた取り組み

副島里美

静岡県立大学短期大学部 准教授

1 同僚性とは何か

1-1 教育・保育と同僚性

保育職は対人援助のプロである。保育職における人間関係は、子どもに対するもの、保護者に対するもの、そして保育者に対するもの、として区分できる。また、子ども同士の人間関係の指導や調整を意味することもある。しかしながら多くは、「子どもと保育者の関係性」が重視され、教職員の人間関係については、大切とされながらも調査されることはあまりない。例えば日本における代表的論文検索サイト「CiNii」で、「保育者」及び「人間関係」の重複条件で検索した場合（2019年11月15日現在）、200論文以上が該当するが、そのうち教職員間の人間関係について述べられているものは7件にすぎない（3.5%）。

歴史的に見ても、保育職の教職員間の人間関係が意識されるようになったのは、実に2000年以降のことである。2000年7月に文部科学省幼児教育専門チームがチーム保育の重要性を打ち出し、時事通信社がその内容を報告している[1]。ここでは、主に役割分担や共有化の必要性について述べられている。以降、新人教育に有効とされる「メンタリング」、保育の質向上のための「保育カンファレンス」の必要性などが述べられるようになった。また、これと期を同じくし、「同僚性」ということばも使用されるようになっていく。

「同僚性（ecollegiality）」とは、Little（1982）によって初めて示された概念であり、学校を基盤とした同僚教師同士の相互作用による専門性開発を示す[2]。しかしながら、日本における教員文化は、「学級王国」という言葉が象徴しているように、各クラスの独自性が認められ、"学年全体の調和を乱さないということが、教員文化を形作る基調となっていた"[3]。つまり、学校全体の調和を乱さなければ、隣のクラスがどのような授業を行っているかはあまり関与されず、"実践の改善を推進する「協働者としての同僚」は容易には存在しない"[4]現状であった。つ

まり、本来あるべき協同的な「授業改善」や「学校改革」などはほとんど行われてこなかった。

このような中で、教員文化と同僚性に疑問を問いかけたのが諏訪（1995）[5]であった。彼は教師間の「協働文化」（教師間の開放的、信頼的、支援的、発展的な関係性）の必要性を述べている。このような経緯の中、2000年代に入ると次第に「同僚性」の質が問われるようになっていく。2005年の中央教育審議会答申「新しい時代の義務教育を創造する」では、"信頼される教師の養成・確保"として、「職場の同僚同士のチームワークを重視」することが述べられている。また、2012年中央教育審議会教員の資質能力向上特別部会では、「チームとして組織的かつ効果的な対応を行う必要がある」ことが記載された。そして、2015年中央教育審議会答申「チームとしての学校の在り方と今後の改善方策について」の中では、教職員の「開かれた同僚性」の必要性が指摘されている。

このように学校現場で広がっていった「同僚性」の概念は、2010年ごろからは保育の現場でも次第に浸透していくこととなる。それは保育現場にも同僚性の気風を疑う雰囲気や風習があったからであろう。山田ら（2014）は、保育現場の様子を以下の三点にまとめている[6]。それは、①階層的な人間関係、②対話が閉鎖的であり発言内容が限局される、③互いに支え合い助け合う気運が少なく流動的な職務内容、である。皆さんの職場でも覚えがないだろうか？

一方、「同僚性」の効果は、概ね三つに分けることができるとされている[7]。第一に、他の教師などと協力して教育活動に取り組むという「教育活動の効果的な遂行の機能」、第二として、お互いの知識技術を駆使してよりよい教育活動を考え創り出していくという「力量形成の機能」。ここには経験の多い教師が経験の少ない教師を育成する、などの機能も含められる。第三として、教師が抱くストレスを軽減し、バーンアウト（早期離職を含む）を防ぐ「癒し」の効果である。

このように同僚性が保たれた職場は、立場（職位や担任、係など）を超えた良質な協力体制、対話、よりよい園（学校）の風土などを生み出す。結果、質の高い保育（教育）を創造することが期待できるのである。

1-2　現在の保育現場の状態

では、なぜ、保育現場では「同僚性」を保てる職場にならないのだろうか？これについて、三つの問題を提議したいと思う。

第一は「保育者のダブルバインド状態」の問題である。

「ダブルバインド」とは"二重拘束"を意味する。

例えば、「感情」と「客観性」の二重拘束を示したい。保育者は「優しい」イメージがある。常に相手の気持ちに寄り添い、共感することを「善」とする。そのような中で、保育経験は長いが要領が悪い保育者Aがいたとしよう。その保育者Aは周囲の保育者から見ても、「一生懸命にやっている」ことが分かる。しかし、同僚の保育者Bからすると、もっとこうしたらいいのに、という気持ちが生じるのは自然なことだろう。この時、保育者Bはどうするだろうか？きっと見て見ぬ振りをするだろう。そこには「保育者Aは一生懸命にやっているんだから仕方がない」などの気持ちがあるのだろう。しかし一方では、その同僚に対しての"苛立ち"や"怒り"が生じる可能性は高い。保育者の「一生懸命にやっているんだから」という感情が、より良い保育を行うための指導や対話という「客観性」を邪魔している。

保育現場には様々な経験年数や年齢の保育者が混在している。それは知識技術の差や様々な保育観を持つ人の集団であるということを指す。しかし、保育現場では経験年数に関係なく保育の質が求められる。例えば同学年のクラスが3つあった場合、ベテランも若手も同じ目標が設定される。また、保育者は多忙であるため、お互いの保育観について語り合い、すり合わせる時間はほとんどない。結果、必要最低限の話だけを行う「対話の限局性」がみられる。

管理職はどうだろうか。管理職は「部下をまとめる」という力と、「健全な経営を図る」力と

図1　園内研修の利点と問題点

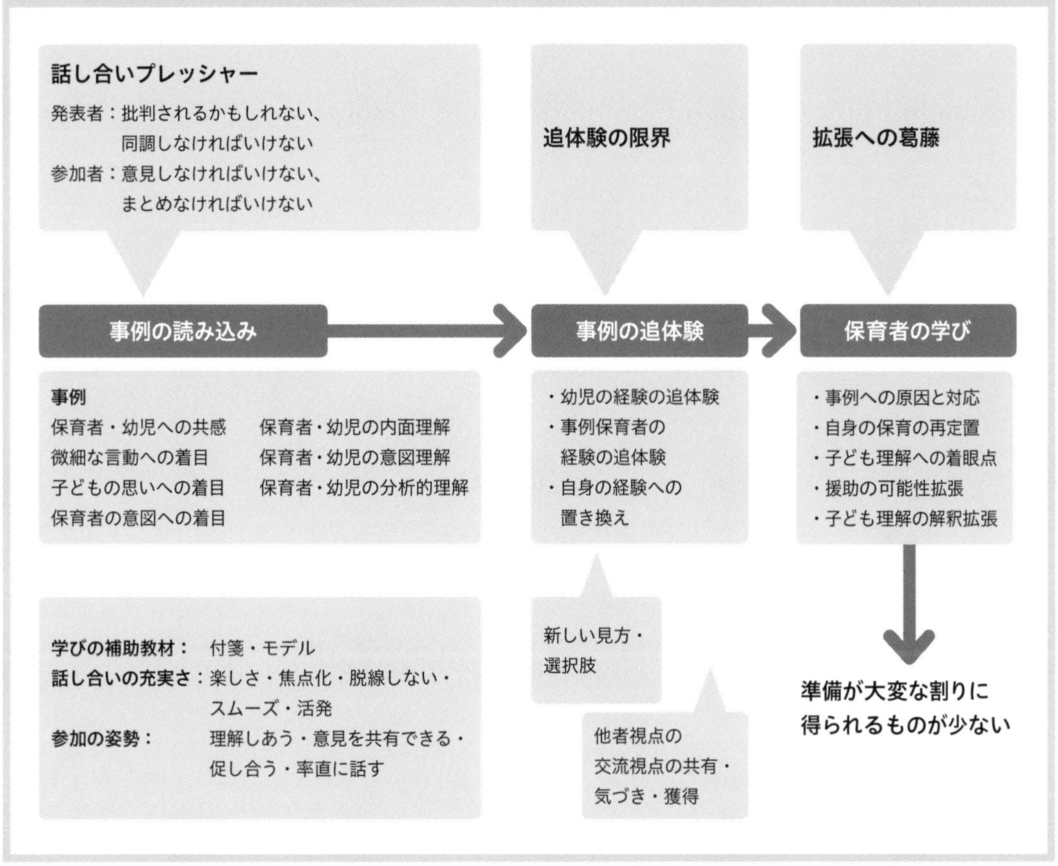

話し合いプレッシャー

発表者：批判されるかもしれない、
　　　　同調しなければいけない
参加者：意見しなければいけない、
　　　　まとめなければいけない

追体験の限界

拡張への葛藤

| 事例の読み込み | → | 事例の追体験 | → | 保育者の学び |

事例

保育者・幼児への共感　　保育者・幼児の内面理解
微細な言動への着目　　　保育者・幼児の意図理解
子どもの思いへの着目　　保育者・幼児の分析的理解
保育者の意図への着目

・幼児の経験の追体験
・事例保育者の
　経験の追体験
・自身の経験への
　置き換え

・事例への原因と対応
・自身の保育の再定置
・子ども理解への着眼点
・援助の可能性拡張
・子ども理解の解釈拡張

学びの補助教材：　付箋・モデル
話し合いの充実さ：楽しさ・焦点化・脱線しない・
　　　　　　　　　スムーズ・活発
参加の姿勢：　　　理解しあう・意見を共有できる・
　　　　　　　　　促し合う・率直に話す

新しい見方・
選択肢

他者視点の
交流視点の共有・
気づき・獲得

**準備が大変な割りに
得られるものが少ない**

いう二重拘束が求められる。そして、保育者の場合はこれに「優しい」という固定観念がプラスされる。

例えばいつも陰で他の保育者の悪口を言っている保育者Cがいる。この保育者Cに対し園長が、「陰で悪口を言うのはいけないこと」だと注意した結果、保育者Cが「園長は優しくない」と辞めてしまったとしよう。その穴を他の保育者でカバーしようとするが、保育者たちはさらに多忙となり、不満が募る。このような場合、園長は「管理能力

がない」という烙印を押されてしまう。管理職は、保育者の心に寄り添いながらも経営面に力を注がないといけない。実際の現場ではお休みの人の代替としてクラスに入り保育実践を行う管理職も多い。

しかし、「常に優しく、職員のためにクラスに入ってくれる管理職」は「管理能力が優れている」のだろうか？むしろその逆の場合が多い。しかしながら、保育の現場では「管理面だけ行っている管理職」は受け入れられない傾向がある。「緊急時に

は保育も担当できる優しい管理者」が保育現場では受け入れられる。そこには園長の本来の業務である「保育者の成長や園の未来を考える」業務は二の次とされている。

「同僚性」の育成を阻む第二の原因は、「保育者が成長できる環境が整えられているか」という問題である。

保育者は日々の保育実践を通して成長している。しかし、それを裏付ける専門的知識も必要である。例えば外部研修（キャリアアップ研修や教員免許更新

講習など）もその一例である。また、自園で行う園内研修や公開保育なども、保育者が大きく成長するきっかけとなる。**図1**を見ていただきたい。最終的に園内研修が、実施者本人の「保育者の学び」に通じれば、学ぶ内容は非常に大きい。しかし実際には様々なプレッシャーや限界、葛藤などを感じ、押しつぶされそうになっている保育者、苦労してせっかく行った内容を建設的に認められなかった保育者も多い。結果、自尊感情が大きく低下する。園内研修や公開保育を行う場合に必要なことは、保育者間の信頼関係である。担当者の良さを認めるとともに、改善点も提示する。しかし、保育という行為は、「答えがない」と言われている。お互いの保育観が異なっている場合、納得がいくアドバイスになっているかは疑問が残る。もし、信頼関係がない中で改善点を提示した場合、お互いの心にシコリが残る場合も多い。園内研修などの担当になった保育者は、お互いの保育観を尊重できるという園内の信頼関係があってこそ、成長に繋がる経験ができるのである。

「同僚性」の育成を阻む第三の問題として、保育者自身が納得できる（外部からの）評価になっているか、ということがあげられる。

図2　「同僚性」のなさが生み出す問題

「同僚性」の育成を阻む要因
① 保育者のダブルバインド状態（信頼感を培えない環境要因）
② 保育者が成長できる環境の少なさ
　（研修などがただの辛い時間になっている）
③ 保育者自身が納得できる（外部）評価になっていない

現在の園の環境
・多くの事柄が求められる中で、自分の保育を見つめる時間がない、またお互いの保育観について語り合うことができていない
・多くの事柄が求められる中で、現在求められる保育をじっくりと考える時間がない。
・研修なども、how-toとしての知識の獲得に陥りがち。
・自分が「いい保育をしている」かどうかは別として、保育者は「頑張っている」意識は強い。しかし、その頑張りに見合った（自分が納得できる）評価は得られない。

このような園内環境が生み出す結果
・園内の雰囲気の悪化
・子どもへの悪影響
・メンタルヘルスへの影響（鬱的な症状）
・退職者の増加
・新人のリアリティショック（早期退職）

古賀（2019）[8]は、保育者の専門性は「身体的・状況的専門性」であるとし、以下を保育者の特徴として定義している。
① 保育不全感の感知
② 教育的瞬間の感知
③ 優先性の即応的判断

保育者は、子どもが支援を必要としている瞬間を即時に判断するという専門性を持つ。同時多発的に発生する子どもの要求。その優先性を即時に判断し対応しているのである。それは専門家にしかできない素晴らしい行為である。しかし、保育者自身はその対応を「素晴らしい」とは感じていない。むしろ全ての子どもの要求に応えられなかったことに対して罪悪感を感じ、「もっときちんと関わってあげるべきだった」と思うのである。保育者は、自分の保育実践を「何か足りていない」と感じ、満足感を得ることは少ない。保育者の自尊感情が高まりにくいのはこれが大きく関与していると考える。「自分はよい保育ができないのは何故なのだろう」と悩む保育者は多い。

管理職は、このような保育者の姿を細やかに見守り、認め、自尊心を高めていく必要がある。そのためには、保育者の日常的言動をよく観察し、保育者当人が「当たり前」と考えている行為を言語化して意味づけし、保育者に伝えていくこと、何気ない対話とともに、このような客観化された言語のやりとりを行うことが必要なのである。管理

職の保育者を認める一言が、保育者の自尊感情を高めていることは多い。

1-3 「同僚性」のなさが生み出す問題

同僚性が育まれていない職場で起こりやすい問題としては、図2のようなことが考えられる。

同僚性がない⇒対話がない。結果、「陰で（悪口を）言われる」場合が多くなる。陰で言われた本人あるいはそれを聴かされた同僚は、その人に対して懐疑的な感情をいただき、メンタルヘルスに不調をきたす。特にベテランの保育者が他の保育者に対するネガティブな発言をした場合、若い保育者たちは、「自分に言われてもどうすればいいのか分からない」、「もしかすると自分も言われているのではないか」、という思いを抱く。この状態が重なると、退職したいと感じるケースも少なくない。

また、保育者同士の負の関係性は、必ず子どもに通じる。筆者は研究やスーパーバイズとして園に伺うことも多いが、子どもたちから「○○先生、今日は機嫌悪いよ」とそっと教えてくれることも少なからずある。子どもは大人（保育者）の感覚をとらえることに優れている。大人の負の関係性の中では、子どもは、自らの感情を素直に表出することができないばかりか、支援を求めることも躊躇する。負の関係性は、子どもから自由や笑顔を奪う。子どもに何等か

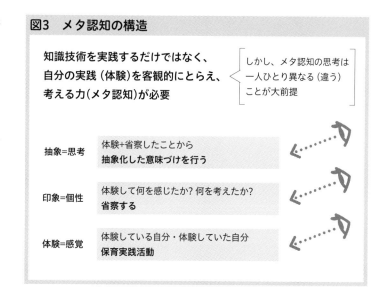

図3　メタ認知の構造

知識技術を実践するだけではなく、自分の実践（体験）を客観的にとらえ、考える力（メタ認知）が必要

しかし、メタ認知の思考は一人ひとり異なる（違う）ことが大前提

抽象＝思考	体験＋省察したことから抽象化した意味づけを行う
印象＝個性	体験して何を感じたか? 何を考えたか?省察する
体験＝感覚	体験している自分・体験していた自分保育実践活動

のマイナスの要因を与えることを忘れてはならない。

2　同僚性構築に向けた試みの紹介

2-1　保育実践とメタ認知

筆者は、「保育の質向上」、「保育者の専門性」を主な研究テーマとし、園内外の研修を行っている。今回は「人間関係の向上」をテーマに取り組んでいるある園の「園内研修の事例」を紹介する。

現在、保育分野では「質の向上」が叫ばれている。その中で、園内研修の役割は大きい。例えば、「遊びと学び」の関係性の理解、社会変化に伴う子どもたちの多様化に対する理解、リスクマネジメントへの対応、倫理的配慮を持った関わり方、など現在の保育者に求められている知識技術は増加している。しかしながら、このような技術を

ただ受動的に得るだけでは保育の質向上にはつながらない。知識技術＋実践＋そして、その経験を複眼的に、かつ建設的に見てもらえる環境が必要なのである。前述したが、保育者は自分の保育がどんなに素晴らしいものでも、「当たり前」と思って実践していることが多い。行った行為を客観的に認知することを「メタ認知」（図3）というが、保育者にはこのメタ認知が行える機会が必要であり、このメタ認知が統合され、言語化されることにより、自分の実践の意味づけができ、理論化につながる[9]。そして、次にどのような実践をしていくべきかが明確になるのである。

このようなメタ認知の統合をする場のひとつとして「園内研修」がある。園内研修は、保育者が何気なく行っている行為を掘り起こし、社会的に信頼でき

る理論化として位置付けるという大きな役目を担っているのである。

2-2　研修の具体的方法

対象園は、東海地方に在る定員150名の中規模こども園である。職員は23名（常勤14名）である。

対象園とはこれまでも実習などでお世話になり、また、子どもたちも大学に遊びに来てくれるなど、繋がりが深い園である。研修の取り組みについては筆者からお声がけし、園長及び研修担当者と相談の上、取り組みの

承諾を得た。開始は2018年4月であり、2020年4月で3年目となる[注]。ここでは2年目までの取り組みについて紹介する。なお、対象園ではこれまでも園内の保育者のみで行う「園内研修」を行っている（本書では「独自研修」と表記する）。ここで紹介する研修はそれとは別に行ったものである。

著者が中心となって行った研修は、1年目は3回、2年目は4回である。対象者は園内の常勤の保育者（1年目10名、2年目14名：2年目の平均年齢：42.1歳）である。目標は、1年目は「園内に話し合いの風土を作る」、2年目は「他者の保育観を知る」とした。多くの園では同じ園内であっても、園内の保育者が一同に会する機会はあまりない。職員会議なども月1回開催されてはいるが、園が開園している時間帯に「子どもだけ」にする時間はできないため、全員出席できない。また、休日に研修を行うことは、それでなくとも負担感が大きい保育者にとっては大変難しい問題をはらむ。本研修については、園にご配慮をいただき、保育時間外（休日や平日の保育終了後）に行っていただいた。また、「出勤」として処理していただいている。

場所は、初年度は土曜日（13-16時）に大学で実施し、2年目は園内で金曜日の勤務後（18時-21時）に行った。研修会の効果として、園外で行った方が新鮮で頭もクリアになるというメリッ

図4　1年目第3回の可視化物（グラフィック）

図5・6　チェックインで和やかな雰囲気を作る

表1　研修のテーマ

初年度自園外研修の内容	2年目自園外研修の内容
チェックイン（アイスブレイク）	チェックイン（アイスブレイク）
第1回：保育者としての私	第1回：身近な保育を見直してみよう
第2回：園内の人間関係	第2回：保育環境を見直してみよう
第3回：私たちのグランドルール（目標）	第3回：私のやりたい保育とは？
	第4回：行事を見直してみよう
	※各回「ミニGFレクチャー」を行った

トがある。しかし、保育者の中には園内で行った方が移動もなく安心感がある、という声があったため、考慮した。なお、「預かり保育については非常勤の先生にお願いする」などの配慮もいただいた。研修の進行方法としては、グラフィック・ファシリテーション（以下GFとする）の技法を取り入れた。GF(図4参照)とは、会議や研修の内容を字、図表、絵などでわかりやすく可視化する方法である。この手法を用いる効用として、「参加意識の向上」、「全体の関係性の把握」、「記憶の共有化」などがあげられている。

実施にあたっては、①チェックイン（アイスブレイク）の時間を十分に取り、研修が楽しい雰囲気で進行できるように心がけた（図5・6）。本研修で行ったテーマを表1に示す。

2-3　研修会の効果
1年目

1年目のテーマは「園内に話し合いの風土を作る」である。この目標を達成するために、いくつかの"しかけ"を作っていった。

第一に、研修会において、「他者の意見にじっくりと対峙する時間」を重視した。全員が自分の思いを自分なりに発言できる機会の保障である。結果、経験が少ない保育者からは、「先輩達も自分と同じような思いをされて今があることに改めて気がついた」、中堅の保育者からは、「普段の園内研修会では報告だけに

図7・8　付箋を多く用いた研修への移行

図9・10　それぞれの意見を付け加える

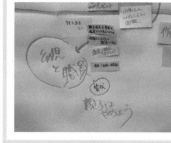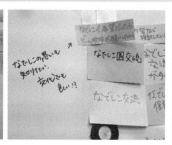

終わってしまったり、一部の人の声しかきこえなかった。このようにじっくりと他の保育者の意見を聞く機会はとても貴重だと感じた」、管理職からは、「若い保育者たちの思いをじっくりときくことで保育観などがわかり、次年度の人員配置などに生かせた」、などの声があがった。

第二として、「グラフィック・ファシリテーション（GF)の技法を用い可視化（メタ認知）しやすくする」ことである。GFを行うと、参加者は記録をする必要がない。内容は、後で写真を撮ることで記録に代替する。また、参加できなかった保育者にも、後でそのグラフィックを見ながら内容が説明できる。グラフィックにはその場の雰囲気な

ど、議事録では記載されないことも描かれていることから、とても説明しやすい、ということであった。

参加者からは、

・自分の発言を絵や文字で表現してもらって嬉しかった。

・皆が同じ内容（方向）を見ているので、チームワークを感じた。

・発言の内容を確認しながら表現してもらったので安心できた。

・どのように表現してもらえるのかワクワクした。

・何か考え事をしていても、見返して振り返りができるので、他の人の意見も客観的に捉えることができた。

・参加できなかった人もあとで

確認できるので、大変よいと思った。

などの感想があがった。

1年目は主に"お互いを知る機会"を増やすことで"親しみやすさ"を感じ、"対話が増加"する期間であった。そのような中で、少しずつ「同僚性」（チーム保育）の重要性を感じる機会となったようである。

2年目

2年目のテーマは、「他者の保育観を知る」である。2年目は4回の研修を行った。その中ではお互いの保育観を知ることの重要性」＝対話をすることの必然性、を訴えた。この延長として、職員会議などで、クラスを超えた2〜3人で、「保育の思いや悩み」を話す機会（10分程度）を設けていただいた。保育者からは、"普段、あまり話をしない人にきいてもらえたので、よい機会になった"、"10分では話し足りなかった"、"他の保育者の思いを感じることができてよかった"などのポジティブな意見がある一方"管理職の先生などに話をすることは少し抵抗があった"、"普段、あまり話をしない人との対話は緊張した"など意見も聞かれた。

また、2歳児未満のクラスは保育者の人数も多いことから、研修会を受けて気になったことについて、非常勤の職員も含めたクラス担当者間で、長時間（2時間程度）で話し合う機会も設けていただいた。この時間の保育には、他のフリーや管理職の方に代わりに入っていただいた。しかしながら、2時間でも十分な話し合いにはならなかった、ということであった。日常的にこのような機会を作っていく必要があるだろう。

研修時においては、絵が描いてあるものを見るだけではなく、その絵に付箋を付ける、文字で書き加えるなどの時間を多く設けた。これにより、全ての保育者が参加しているという意識が高まるとともに、グラフィックの前で多くの対話が生まれていた。GFは「描いてもらった絵を見ること」だけが目的ではない。絵を生かし、如何に対話を育むのか、その技術が園内研修には必要であると感じる。

また、毎回行った「ミニGFレクチャー」も大変好評であった。それまで「絵なんてとても描けません」と言っていた保育者が楽しそうに絵を描いている姿は、内容次第で保育者も固定概念を捨てることができる存在であることを感じた瞬間であった。

2-4　園内研修の広がり

現在、対象園では少しずつ、「対話の量が増えている」と感じる保育者が多くなっている。また、園全体の保育のあり方や自分の保育実践について考えようとする保育者も多い。これまでのように"目の前の保育だけで手一杯"の状態から、"自分や周りの保育を考えようとする"状態に移行できたことは、研修が何等かの影響を与えていることが考えられた。

日々の保育実践においても、毎日のクラス通信やクラス便りの中に絵を描き加えたり、子どもたちへの説明の中で絵を使用するなどの動きも出ている。文字がわからない幼児にとって、絵は大変有効な手段となることが感じられる。

2-5　今後の課題

2年目を修了した時点での問題点は、研修に出ていない「正規外（非常勤やパートなど）の職員」と「正規の職員」のすり合わせの少なさである。また、「子ども主体の保育がしたい」と思いながらもなかなか従来の一斉保育から脱却できない姿もある。これらの問題は一朝一夕では解決できない。保育実践にすぐ効く特効薬はない。しかしながら、保育者同士の弛まぬ努力、それを支える環境がそれらを実現していく基盤となる。保育者が同じ方向を見ることができる保育の実現に向かって、長期的な見通しを持ち、保育者の皆さんとともに改善の道を考えていきたい。

3　まとめ

『育ての心』[10] より

廊下で
泣いている子がある。涙は拭いてやる。泣いてはいけないという。なぜ泣くのと尋ねる。弱虫ねえと言う。…随分色々

のことはいいもし、してやり
もするが、ただ、一つしてや
らないことがある。泣かずに
はいられない心もちへの共感
である。
　　お世話になる先生、お手数
をかける先生。それは有り難
いい先生である。しかし有り
難い先生よりも、もっとほし
いのはうれしい先生である。
そのうれしい先生はその時々
の心もちに共感してくれる先
生である。(略)

　保育者同士の関係もそうでは
ないだろうか。色々とアドバイ
スをくれる先生は「有り難い」
先生である。しかし、本当に必
要なのは、有り難い先生よりも、
保育者の心に寄り添い、嬉しさ
や悲しさに共感してくれる先生
だろう。それが「同僚性」の基
盤にあると考える。

最後に…
あなたの園も同僚性を
考えてみませんか？

　園内の人間関係は長期的なス
パンが必要です。そして管理職
の考えが大きく影響します。あ
なたの園を保育者が働きたい園
に変えていきませんか？園内の
日々の人間関係について共に考
えたいという園がありましたら
是非ご連絡ください。
（副島：soejima@u-shizuoka-
ken.ac.jp)

注
本研究は日本学術振興協会「科学研
究費助成事業（科研費）」に採択され
た研究である。なお、2020年度は新
型コロナウイルス感染防止対策によ
り、研究は一時停止している。

引用文献・参考文献
1)「幼稚園にチーム保育の導入を」
（2002）内外教育　時事通信社
p4
2) Little J.W (1982) Norms
of Collegiality and
Experimentation: Workplace
Condiditons of School
Succcess,American Education
Research Journal 19(3)　p325-
340
3) 永井聖二（1997）「日本の教員文
化」、教育社会学研究　第32号
93-103
4) 佐藤学 (1997)『教師というアポリ
ア』世織書房
5) 諏訪英広 (1995)「教師間の同僚
性に関する一考察」、広島大学教
育学部紀要、p213-220
6) 山田徹志・大豆生田啓友（2014)
「保育者間の人間関係における一
考察」教師教育リサーチセンター
年報　第5号　p125-139
7) 前田直樹ほか (2009)「保育者効
力感、社会的スキル及び職務満足
感が保育士の精神的健康に与える
影響」九州保健福祉大学紀要、第
10号、p7-16
8) 古賀松香（2019)『保育者の身体
的・状況的専門性と保育実践の
質』発達第158号　p26-31
9) パターソン 他(2010) 質的研究の
メタスタディ実践ガイド 医学書院
p.14
10) 倉橋惣三 (2008)『育ての心（上）』
フレーベル館　p35

副島里美
東京家政大学大学院家
政学研究科人間生活学
専攻修了。現在、静岡
県立大学（学術博士）
短期大学部准教授。

子どものことばの
つまずきを支援する
言語発達検査

牧野桂一

東亜大学客員教授
純真短期大学客員教授
大分こども発達支援研究所所長

はじめに

保育現場における「気になる子ども」の「ことばのつまずき」の現状と課題、そして、具体的な支援のあり方について、これまで『ほいくしんり6』『ほいくしんり7』及び『げんき』の連載で取り上げ、その評価と支援のあり方について提案してきましたが、ここで改めて課題になったのが「ことばのつまずき」を評価し具体的な支援に繋げるための標準的な検査法です。『ほいくしんり7』でもこれまでに一般的に活用されてきた検査法について紹介し、新たに開発しようとしていた言語発達検査についても、その骨格を提案していました。しかし、その時点ではまだ臨床的に確立したといえるほどの検証事例を積み上げるまでには至っていませんでした。そのため、概要だけを紹介するにとどまっていました。その言語発達検査が2013年8月25日に、「言語発達検査キット（エイデル研究所）」として標準化し一般でも活用できるようになりました。そして、検査事例も集積されてきましたので、今回の保育心理士のフォローアップ研修でも取り上げることにしました。

フォローアップ研修の開催に当たり、この言語発達検査の結果と支援方法を検証するために、保育心理士のフォローアップ研修や言語保育研修養成講座等の参加者に対して、実際に検査結果を評価票にまとめ、個別にアドバイスしながら、日々の保育実践と結びつけながら具体的な支援方法を深めています。

今回の報告書では、今次フォローアップ研修で実施した子どものことばの言語発達検査の内容を具体的に紹介していきながら、子どものことばのつまずきの支援について考えていきたいと思います。

I ことばにつまずきの
ある子どもの
保育支援を支える
言語発達検査の視点

1 言語発達検査の開発の目的

今回研修で取り上げた「言語発達検査」は、子どもに最も身

近な保育者が、保育の中で自信を持って対応することができなかった、保育現場で出会うことばのつまずきに対して、保育の一環としてことばの支援を行うことを目的にしています。

これまで提案していた『子どもの発達とことば・かず』の中での「保育のためのことばの検査」を中心に、医療や臨床心理の現場で活用している言語検査、発達検査、知能検査等を総合して構成しています。

また、この「言語発達検査」は、子どものことばのつまずきの実態を把握するためだけではなく、その結果に基づき、日常の保育の中で子どものことばのつまずきを支援することを最も重視しています。したがって、検査者としては、この検査結果を保育や子育ての中での具体的な支援計画の作成と関連させながら活用することが強く望まれます。注1)

「言語発達検査」の内容構成は、5歳児に対して30分程度の時間で実施することを想定しており、検査のための簡単なアイテムやカードを使って、子どものことばにかかわる問題点の概要を把握できるように構成しています。検査の対象としては2歳から6歳の幼児及び小学1年生くらいまでを想定しています。しかし、障害のある子どもについては、対象の幅はもっと大きく拡げ、小学生全体にまで対象を広げることができると考えています。

2　検査を活かすための事前調査

ことばにつまずきのある子どもへの保育の対応を深く考えていきます。直接子どもから得られる情報だけでなく、検査結果の考察のためには、次のような基本情報が必要です。

(1) 生育歴
・妊娠中の状況・出生時の体重・出生時のトラブル・乳児期

資料1　ことばの発達の状態をとらえるための検査

年月齢	生活習慣	対人関係	言語表現	言語理解
6:00	外出の支度が完全にひとりでできる	簡単なルールのゲームができる	自発的に物語を話す	反対類推ができる（例　火は熱い、氷は　等）
5:06	体をタオルで拭く	店で買い物をしてお釣りをもらう	しりとりを、つなげる	なぞなぞをする
5:00	ひとりで外出の支度がほぼできる	まねて簡単なルールのゲームができる	まねて物語を話す	お腹が減ったらどうしますか
4:06	信号を見て正しく道路を渡る	ジャンケンで勝負を決める	四数詞の復習(2/3)（例　5-2-4-9）	数の概念が分かる (5まで)
4:00	入浴時、ある程度自分で体を洗う	おとなに断って移動する	両親の姓名、住所を言う	「本、鉛筆、時計、いす、茶碗」の用途による物の指示
3:06	手を洗って拭く	友だちにおもちゃを貸したり借りたりする	「きれいな花が咲いています」等の復唱 (1/3)	数の概念が分かる (2まで)
3:00	上着を自分で脱ぐ	ままごとで役を演じることができる	「小さな人形」等、二語文の復習(2/3)	赤、青、黄、緑が分かる(4/4)
2:06	こぼさないでひとりで食べる	友だちとけんかをすると言いつけに来る	自分の姓名を言う	大きい、小さいが分かる
2:00	排尿を予告する	主養育者から離れて遊ぶ	二語文を話す（「わんわん来た」等）	「もうひとつ」「もう少し」が分かる
1:06	パンツをはかせる時、両足を広げる	困難なことに出会うと助けを求める	絵本をみて1つの物の名前を言う	目、口、耳、足、腹を指示する (3/6)
1:00	さじで食べようとする	主養育者の後追いをする	1〜2語の言葉を正しくまねる	「おいで、ちょうだい、ねんね」の要求を理解する (1/3)
0:06	ビスケットなどを自分で食べる	鏡に映った自分の顔に反応する	人に向かって声をだす	見て笑いかける
	社会性発達		言語発達	

の身体発達（頸の据わり、寝返り、お座り等）・離乳食の開始や内容・初語の時期・現在の発語数・幼児期の発達で特記すべき事項・口蓋裂や聴覚障害については発見時期、手術の時期、補聴器装着の有無等

(2) 家族・担任の面接調査

　ことばの問題に対する親の気持ち・ことばの問題に対する子ども困惑度（障害と思われる症状の場合）・障害に対する親の感情・まわりの友達との関係や生活の様子・ことばの障害による生活上の問題や家族関係

(3) 子どもの　言語発達の状況調査

　子どものことばの発達の状況を捉えるためにことばと関連する領域について6カ月ごとの発達の目安を立てそれを項目として整理しことばのつまずきの状況をチェックする「ことばの発達評価表」を作成しました。ここでは、ことばのつまずきが単独のものであるか、知的な遅れも伴っているかということを確認するために「遠城寺式・乳幼児分析的発達検査」や「牧野式子どもの全体的な発達をとらえるためのチェックリスト」を参照しました。

3　言語発達検査で　必要な配慮

(1) 楽しい検査

　検査に臨んでも、子どもに対しては、保育の一環として対応するので、十分な信頼関係を形

成するとともに楽しいと思えるような対応を心がけることが大切です。検査の活動を提示する場合も子どもの自発性を大切にし、部屋の環境やカードの提示の仕方等を工夫していくことが必要です。また、検査者は、子どもの相手をする聞き手でもあるので間違いやチェックばかりに注目するのではなく、子どもとともに楽しみ、子どもの努力や頑張りを認め、暖かく励ましながら進めていくことが大切です。

(2) 子どもの心理的負担の軽減

　検査を受ける子どもは、これまでことばに関して様々な注意をされてきていることが予測されます。そのため話すことに不安を抱いている場合があります。そのような子どもには、十分に自己表現することができるように、遊びの時間を検査前に設けることも大切です。

(3) 保護者負担の軽減

　子どものことばを誰よりも心配しているのは保護者です。そのために、子どもの大切な話し相手の保護者が、心理的に不安定になっていることもあります。保護者の心配を受けとめ、正しい情報を伝え、穏やかな気持ちで子どもと接することができるように支援することが望まれます。

4　発達検査や　知能検査との関連

　この言語発達検査は、能力としての数値を出すこともできま

すが、そのことを一義的な目的にはしていません。数値を出すことよりも、一つ一つの検査の過程での子どもの反応をよく見てことばのつまずきを支援する手掛かりになることを把握することが大切です。この検査によって保育場面での課題がとらえられ、より詳しい発達の状態やことばの問題を知ることが必要になった場合には、別に以下のような個別検査を行い、詳しい情報を得ることが必要になります。

(1) 全訂版　田中ビネー知能検査

　知能テストの創始者ビネーの開発した検査を基に、ターマン、メリルと発展してきた物を田中寛一が日本語版に改定したものです。語彙の検査、記憶、判断力等の検査項目から、言語能力の実態を知ることができます。動作性の検査と言語性の検査が混合されているので、ことばの出ない子どもでも発達の状況をとらえることができるという特性があります。

※言語発達検査においては、この検査の「語彙（物・絵）」「名称による物の指示」「用途による物の指示」「丸の大きさの比較」「文の記憶」「簡単な命令の実行」「数概念」「反対類推」「物の定義」「数詞の復唱」「理解」「絵・話の不合理」「打数数え」等の項目に注目し、取り入れています。

(2) WPPSI知能診断検査・　WISC－Ⅳ知能検査

　ウエクスラーの開発した個別

知能検査です。それぞれ年齢によって検査が分けられており、3歳10カ月から7歳1カ月までがWPPSI知能診断検査、5歳0カ月から16歳11カ月までがWISC－IV知能検査となっています。言語性検査と動作性検査があり、言語面での発達年齢やその子の細かいプロフィールが把握できます。

※言語発達検査では「ことばの理解」「ことばの類推」「ことばの表現」「文の構成」「数の記憶」等の項目に注目し取り入れています。

(3) ITPA言語学習能力診断検査

米国イリノイ大学特殊児童研究所のカークらによって開発された発達障害児のための心理診断検査です。日本では三木安正らによって標準化され、その後、上野一彦らによって改訂版が出されました。ITPAは、一般的な知的活動のうち自分の考えを人に伝えたり、他人の考えを理解したりするコミュニケーション過程に必要な心理機能を測定しようとしており、学童期における言語学習年齢が分かります。また、受容能力、連合能力、表現能力、構成能力、配列記憶能力のどこに問題があるか探るとともに個人内差にも着目しているので、教育的にどのように配慮すればよいかがわかります。

※言語発達検査では「ことばの理解」「ことばの類推」「ことばの表現」「文の構成」「数の記憶」等の項目に注目し取り入れています。

(4) 遠城寺式乳幼児分析的発達検査

遠城寺宗徳らによって開発された質問形式の発達検査です。乳幼児の発達を運動、社会性、言語の分野ごとに評価し発達上の特徴を明らかにすることができます。細かい領域としては「移動運動」「手の運動」「基本的習慣」「対人関係」「発語」「言語理解」の項目など、全体的な発達年齢を把握することができるようになっています。

※言語発達検査では「基本的習慣」「対人関係」「発語」「言語理解」等の項目に注目し取り入れています。

(5) 絵画語彙発達検査

言語理解力の発達を語彙という側面から明らかにしようと上野一彦らによって開発された検査です。表出言語のない子どもでも、問の理解と指さしができれば、発達年齢を把握することができる検査なので、幼児や知的障害のある子どもでも検査が可能です。

※言語発達検査では「語彙の理解」の項目に注目し取り入れています。

(6) 日本版ミラー幼児発達スクリーニング検査

米国の作業療法士であるミラーが、中度から軽度の発達障害児を早期に発見し治療的対応を行うことを目的に感覚運動能力（基礎指標と協応指標）、認知能力（言語指標と非言語指標）、及び複合能力（複合課題指標）における5つの行動領域とその総合関係を全体の通過率でスクリーニングする検査として開発されました。日本では1989年に日本感覚統合障害研究会が中心になって日本語版の作成を行い、現在広く活用されています。

※言語発達検査では、特に「舌動運動」「構音」「一般的知識」「文章の反復」「数の反復」等の項目に注目し取り入れています。

5　言語発達検査の項目と子どものことばのつまずき

言語発達検査は基本的には、子どものことばのつまずきについての全般的に漏れなく評価ができるように内容を総合的に構成しています。それぞれの検査項目は、「保育のためのことばの検査」とともに上記の検査内容から関連する物を適宜導入しています。ここでの検査項目と子どものことばのつまずきとの関係を示したものが次に示す一覧表です。

II　言語発達検査の実際

ここでは、言語発達検査の手引書にそって言語発達検査の項目を一つ一つ説明していくことにします。注2)

検査1　語彙
1-1　体の部位
(1) 検査の意義

この検査では、私たちの最も身近な物の名前として、自分の体の部位の名称を尋ねるようにしています。このことは特に「言語理解の発達」の基礎的な意味をもちます。これは、この項目

資料2　気になる子どものことばの問題とその評価

子どものことばのつまずき　　　　　　　　　　　　　　　　**言語発達検査の項目**

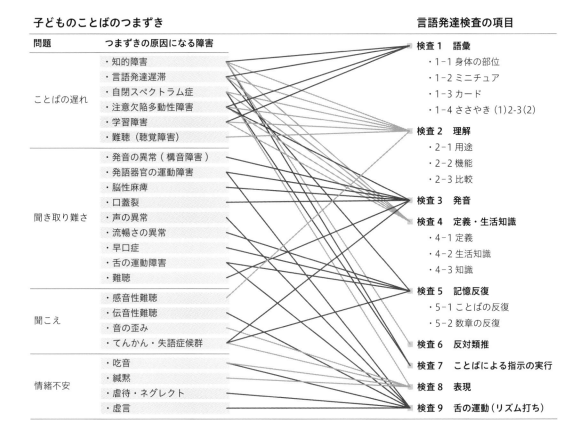

問題	つまずきの原因になる障害
ことばの遅れ	・知的障害 ・言語発達遅滞 ・自閉スペクトラム症 ・注意欠陥多動性障害 ・学習障害 ・難聴（聴覚障害）
聞き取り難さ	・発音の異常（構音障害） ・発語器官の運動障害 ・脳性麻痺 ・口蓋裂 ・声の異常 ・流暢さの異常 ・早口症 ・舌の運動障害 ・難聴
聞こえ	・感音性難聴 ・伝音性難聴 ・音の歪み ・てんかん・失語症候群
情緒不安	・吃音 ・緘黙 ・虐待・ネグレクト ・虚言

検査1　語彙
・1-1 身体の部位
・1-2 ミニチュア
・1-3 カード
・1-4 ささやき (1)2-3(2)

検査2　理解
・2-1 用途
・2-2 機能
・2-3 比較

検査3　発音

検査4　定義・生活知識
・4-1 定義
・4-2 生活知識
・4-3 知識

検査5　記憶反復
・5-1 ことばの反復
・5-2 数章の反復

検査6　反対類推

検査7　ことばによる指示の実行

検査8　表現

検査9　舌の運動（リズム打ち）

の意味を理解していれば、保育活動の中でいつでも、どこでも、誰にでもでき、子どものことばの理解を深めることができます。

(2) 検査内容

「目はどこにありますか?」というように順次、①目、②鼻、③耳　④口　⑤頭　⑥手　⑦足　⑧眉　⑨肩　⑩肘　⑪膝と聞いていきます。正答が4以下の場合は、検査4-1、6は実施しません。

(3) 評価基準と発達の目安

①②③④（1歳半）、⑤⑥⑦（2歳）、⑧⑨⑩（3歳）

1-2　ミニチュア

(1) 検査の意義

この項目は、物の名称に関する発語能力を把握することが目的になります。一般的な知能検査でも取り上げられている重要な言語項目です。ここでの語彙は、それぞれの子どもの環境によって知っている物が限定されることがあるので、それぞれのミニチュアは、家庭環境や地域の特性などにも配慮してミニチュアを用意します。

(2) 検査の内容

「これは何ですか?」（6問）＋

「この指は何という指ですか」と問いかけ順次、次のように聞いていきます。
①家にある物（時計、茶わん）②おもちゃ（車、人形、ボール）③道具（スプーン、はさみ）④食べ物（りんご、バナナ）⑤衣服（帽子、くつ）⑥動物（犬、猫）
※ここで取り上げている物は、子どもにとって身近な物という観点で選択していますので、日常的に馴染みのない物があれば、身近な物に置き換えて実施します。

(3) 評価基準と発達の目安

正答4問（1歳半）、6問（2歳）

1-3　カード

(1) 検査の意義

ここでの項目は、カードを提示して、日常見慣れた物以外の語彙も聞いていきます。また、発音の特徴にも配慮していきます。

(2) 検査の内容

「これは何ですか？（何と言いますか？）」と問いかけ順次次のように聞いていきます。①飛行機、②手、③家、④かさ、⑤くつ、⑥ボール、⑦いす、⑧はさみ、⑨時計、⑩葉、⑪馬、⑫めがね、⑬テーブル、⑭ピストル、⑮木
（正答が10以下の場合は、検査4-1、6は実施しません。）

(3) 評価基準と発達の目安

3問で1歳半、11問で2歳、13問で3歳、15問で4歳

1-4　ささやき (1)
(口を隠して質問)

(1) 検査の意義

ここでの「ささやき音」ということは、聴覚の状態を確認していますので、子どもが聞こえているかどうかということに特に注意して反応を見ていきます。

(2) 検査の内容

「今度は小さい声で言いますから、その絵を指さしてください。」と問いかけ、順次次のように聞いていきます。
①ボール、②はさみ、③犬、④積み木、⑤三輪車
※聞こえに問題のある子は、検査者の微妙な仕草も見逃さず、それをヒントにして応える場合があるので、答えのカードを検査者が見な

検査2-1、2-2で使用するカード

いようにして検査を進める必要があります。

(3) 評価基準と発達の目安

3問正答で1歳半レベル。

これによって、注意深く聞く力と、ことばの音を聞き分ける力を知ることができます。聞き違い、気が散ること等が、急に多くなるような場合は、注意力欠如や聴力低下があることがあります。

検査2　理解

2-1　用途

(1) 検査の意義

この検査では、その用途から物を尋ねるというように難易度が上がってきています。

(2) 検査の内容

コップ、掃除機、いす、はさみ、鉛筆、鏡、服のカード7枚を順不同に並べ「今から私が言う物を、指でさしてください。」と問いかけ順次、次のように聞いていきます。

① 「水を飲む時に使う物はどれか指でさして下さい」
② 「掃除をする時に使う物はどれですか？」
③ 「人が座る時に使う物はどれですか？」
④ 「物を切る時に使う物はどれですか？」
⑤ 「字を書く時に使う物はどれですか？」
⑥ 「顔を見る時に使う物は何ですか？」

(3) 評価基準と発達の目安

1問で1歳、5問で2歳

※知的障害の場合はつまずきが全体に及ぶが自閉スペクトラム症の場合は、つまずきが限定されるという特徴の違いがあります。

2-2　機能 (2-1で5問以上が正答だった子に実施)

(1) 検査の意義

ここでの検査では、機能から物を尋ねると難易度が上がってきています。

(2) 検査の内容

「今度はこのカードを、指でさしてください。」

鳥、魚、りんご、本、時計、卵のカード6枚を順不同に並べ次のように聞いていきます。

① 「この絵の中で、空を飛ぶ物はどれですか？」

② 「水の中を泳ぐ物はどれですか？」

③ 「木になる物のはどれですか？」

④ 「私たちが読む物のはどれですか？」

⑤ 「時間を知らせる物はどれですか？」

⑥ 「にわとりが産む物はどれですか？」

(3) 評価基準と発達の目安

5問で3歳

※知的障害や自閉スペクトラム症の子どもは、ここでつまずく場合が多いようです。知的障害の場合、つまずきが全体に及ぶが自閉スペクトラム症の場合はつまずきが限定されるという特徴は3-1と同じです。

2-3　ささやき（2）（口を隠して質問）

(1) 検査の意義

ここでの「ささやき音」ということも、聞こえの状態を検査しているので、子どもが検査者のささやくことばの聞こえに特に注意して反応を見る必要があります。また、ここでは特に声の聞こえとともに、細かく聞き分けることができるかどうかということも検査しようとしていますので、特に子どもの答え方に注意深くする必要があります。

(2) 検査の内容

「今度は小さい声で言いますから、よく聞いて指でさしてください。」

いす、鉛筆、鏡、鳥、魚、時計のカード6枚を順不同に並べ、次のように聞いていきます。

① 「人がすわる時に使う物はどれですか？」

② 「字を書く時に使う物はどれですか？」

③ 「顔を見る時に使う物は何ですか？」

④ 「空を飛ぶ物はどれですか？」

⑤ 「私たちが読む物はどれですか？」

⑥ 「時間がわかる物はどれですか？」

(3) 評価基準と発達の目安

正答が3-1、3-2に比べて著しく低い場合、聞こえにチェックします。

※聞こえに問題のある子どもは、検査者の微妙な仕草も見逃さないで、それをヒントにして応える場合があります。唇を隠すだけではなく、答えのカードを検査者が見ているとその視線をヒントにする子どももいます。十分に配慮しながら検査を進めるようにします。質問のことば以外のことを言う時は、口を見せても、声を出して言ってもよいのですが、手まねや身ぶり、表情や指の運動などによるヒントは、与えないように注意します。これによって、注意深く聞く力と、ことばの音（おん）を聞き分ける力があるかどうかを知ることができます。

2-4　比較

(1) 検査の意義

ここでの検査では、ことばの抽象的な概念である「大きい小さい」「長い短い」「高い低い」「明るい暗い」を尋ねるように、難易度が高くなってきています。

(2) 検査の内容

「今度は、このカードで聞きます。」といって　①大小の○、②長短の鉛筆、③高いいすと低いいす、④暗い部屋と明るい部屋、⑤テーブルの上と下の★（星印）のカード示して、

① 「どちらの○が、大きいですか？」（カードを回して再質問「どちらが小さいですか？」）

② 「どちらの鉛筆が長いですか？」（以下は、誤答の場合のみカードを回して反対概念を問う）

③ 「どちらのいすが低いですか？」

④ 「明るい部屋はどちらでしょう？」

⑤ 「テーブルの上にある★（星印）はどちらですか？」と聞いていきます。

※問いの文言の順は入れ替えてもいいが、言い方を変えることはしません。

(3) 評価基準と発達の目安

正答と発達の目安：2問で2歳、5問で3歳

知的障害や自閉スペクトラム症の多くの子どもは、ここでもつまずく場合が多くなります。知的障害の場合、つまずきが全体に及びますが自閉スペクトラム症の場合はつまずきが限定さ

れるというような特徴は3-1や
3-2と同じです。

検査3　発音

(1) 検査の意義
　発音のつまずきは、幼児音で
はある年齢まで当たり前です。
したがって遅れとしてではなく、
間違った発音が身についてしま
わないような配慮をすることが
必要ですから、それをきちんと
チェックし、遊びの中で、発音
を改善していくためのヒントを
見いだすために活用します。
　これまでの「発音の検査」で
は、カードを見せて「これはな
んですか」と名称を言わせるこ
とで発音を確認しようとするこ
とが主でありました。しかしそれ
では、ことばの理解力が必要に
なってしまいます。ここでは、検
査者が言ったことばを模倣させ
ることにしています。このような
検査であればカードが無くても
実施できるので、日常の保育の
中でも活用することができます。

(2) 検査の内容
　「次は、私が言ったとおりに
言ってください。たとえば「い
ぬ」と言ったら、あなたは何と
言いますか?」「いぬ」と言った
ら、「はい、そうですね。では、
いいますよ」と①〜⑦、少しで
も疑わしい発音があった場合に、
その右の副課題を真似させるよ
うにします。
① 「りんご」
　「R」→「テレビ」「ロボット」
　「チューリップ」「りす」
　「G」→「めがね」「たまご」「な

がぐつ」
② 「すいか」
　「S」→「うさぎ」「せんぷうき」
　「さかな」「あいす」
　「K」→「とけい」「こいのぼ
り」「からす」
③ 「つみき」
　「T」→「くつ」「おつきさま」
　「えんぴつ」「たんぽぽ」
④ 「じてんしゃ」
　「J」→「にんじん」「じどう
しゃ」「おじぞうさん」「じしゃ
く」
　「SH」→「ぼうし」「でんしゃ」
「しゃぼんだま」「かいしゃ」
⑤ 「ごはん」
　「G」→「がっこう」「ペンギ
ン」「ゲーム」「ガラス」「ぎ
んいろ」
　「H」→「はっぱ」「ふうせん」
「はさみ」「おふろ」
⑥ 「ぞう」
　「Z」→「れいぞうこ」「みず」
「かず」「ぞうさん」
⑦ 「でんわ」
　「D」→「でんしゃ」「だいこ
ん」「おでん」「パンダ」

(3) 評価基準と発達の目安
　発音につまずきがないかどう
かを確かめます。発音の間違い
には、発音できないだけでなく
「(聞き取りにおいて)語音の弁
別ができていない」こともある
ので、それについては別の検査
で確認します。
　知的障害や自閉スペクトラム
症の子どもの多くは、ここでも
つまずく場合が多くなります。
知的障害の場合、つまずきが全
体に及びますが、自閉スペクト

ラム症の場合はつまずきが限定
されるというような特徴は、3-1
や3-2と同じです。

検査4　定義・生活知識
(1-1が4問以下、1-3が10問以下、2-1が4問以下の子どもは実施しない)
4-1　定義
(1) 検査の意義
　この検査は「検査2　理解」
とは逆に、指示された名詞につ
いても子ども自身が言語的に説
明する能力を問うものです。
(2) 検査の内容
　「これから私の言うことをよく
聞いて答えてください。」
答えが出ない場合は「帽子を
知っていますね。帽子とは何で
すか?」「何をする物ですか?」
と聞いてもよい。
① 「帽子とは何ですか?」
② 茶わん
③ 本
④ タオル
(注:「何に似ているでしょう。」
「何に使う物でしょう。」と聞い
てはいけない)
(4-1を2問以上正答した場合に
続けて⑤⑥を実施する)
⑤ 「目は何をする物ですか?」
⑥ 「耳は何をする物ですか?」
(3) 評価基準と発達の目安
　①②③④2問で3歳、4問で4歳
⑤⑥のどちらか1問で4歳

4-2　生活知識
(1) 検査の意義
　生活の知識は、対象者の日常
生活の理解度を問います。知的

障害があっても、丁寧な家族の関わりがある子どもはこの項目は正答できますが、自閉スペクトラム症など対人関係の障害を持つ子どもの場合に、回答が偏ったり他の項目に比べて著しく低くなる場合があります。

(2) 検査の内容

「これから私のいうことをよく聞いて答えてください。」

① 「ねむくなったらあなたはどうしますか？」

② 「おしっこがしたくなったら、あなたはどうしますか？」

(3) 評価基準と発達の目安

1問で3歳

4−3　知識

(1) 検査の意義

ここでは、分類する能力とそのカテゴリーに含まれる物の名前をどれだけ知っているかを問います。正しく言えたことばの数を記入するが、不明な物はそのまま記入しておきます。

(2) 検査の内容

順番に次のように聞いていきます。①果物の名前をできるだけたくさん言ってください。②動物の名前をできるだけたくさん言ってください。③食べ物の名前をできるだけたくさん言ってください。④お友だちの名前をできるだけたくさん言ってください。

(3) 評価基準と発達の目安

①②3個で2歳。5個で3歳。　③④1個で2歳。3個で3歳。

検査5　記憶反復

5−1　ことばの反復

(1) 検査の意義

この検査はことばによる短期記憶の反復課題です。

(2) 検査の内容

「これから私が言うことをよく聞いて、私が言ったとおりに言ってください。いいですか、よく聞いてください。」

例題1「つめたいみず」

「そうですね、ではまた言いますから、よく聞いて、私が言ったとおりに言ってください。」

① 「あかいりんご」

② 「大きいくま」

①②のうち2問ともできなかったらここで中止。1問でもできたら以下の質問を続ける。

「今度はちょっと長くなります。練習してみましょう。」

例題2「うさぎが、います」

「そうですね、ではまた言いますよ。よく聞いて、私が言ったとおりに言ってください。」

③ こいがおよいでいます

④ おかあさんがせんたくをしています

(3) 評価基準と発達の目安

③④のうち1問以上で3歳

5−2　数唱の反復

(1) 検査の意義

この検査は、短期記憶による数唱の反復課題です。5−1の正答に比べて5−2の正答率が高い場合、意味を持つことばへの苦手さと数字のような意味のない物への親和性が覗われ自閉スペクトラム症の指標になることが

あります。

(2) 検査の内容

これから数を言います。よく聞いて、それを真似して言ってください。

2桁　５９

「ちょっとずつ長くなりますよ。よく聞いて真似してください。」

3桁　４６２

4桁　８２９６

5桁　３８１４７

6桁　２７３９４５

（2度まで実施。2回失敗したらその桁で中止します。）

(3) 評価基準と発達の目安

1度目で復唱は2点、2度目で復唱は1点。1点で3歳、4点で4歳、6点で5歳。

検査6　反対類推

(1) 検査の意義

この検査は言語的に理解して、さらに反対語を類推する課題で抽象的概念を必要とするため課題の難易度が高くなります。1−1が4問以下、1−3が10問以下、2−1が4問以下の子どもには実施しません。また、これまでの検査で自閉スペクトラム症が疑われる子どもにおいては、この課題はさらに困難と思われる場合があるので、子どもが自信を失わないように実施に注意します。

(2) 検査の内容

（1−1が4問以下、1−3が10問以下、2−1が4問以下の子どもは実施しません。）

「これから私がお話を途中まで言って止めますから、よく聞いていて、ちょうどよいことばを

その後に続けて言ってください。おゆはあつい、氷は・・・・（数秒待つ）どうでしょう」

（「つめたい」という答えを得てから）「では、次を言いますよ。続けてちょうどいいことばを言ってください。」

① お塩はしょっぱい、お砂糖は…

② お父さんは男です。お母さんは…

③ 夏はあつい、冬は…

④ 子どもは小さい、大人は…

上記の正答が2問以下の場合はここで中止します。3問以上正答した場合は以下の質問を続けます。

⑤ 野原は明るい、森の中は…

⑥ ジェット機は速い、船は…

⑦ 鉄は重い、綿は…

⑤〜⑦は2問失敗したところで止めます。

(3) 評価基準と発達の目安

①②③④の2問正答で3歳。3問で4歳。⑤⑥⑦のうち2問正答できれば5歳。

検査7　ことばによる指示の実行

(1) 検査の意義

ここでは、ことばによる指示を理解して実行する力をみます。素材を出し、「これは積み木ですね」「これはボタンですね」「これは犬ですね」…と、検査でそれをどう呼ぶかを確認しながら置いていきます。

(2) 検査の内容

材料：（子どもから見て左から）積み木、ボタン、犬、箱、はさ

みを一つずつ「これは〜ですね。」と言いながら前に並べ、次の指示を出します。

「これから私の言うことをしてください。」

① 「犬をとってください。」

② 「ボタンを箱に上にのせてください。」

③ 「はさみを積み木のそば（横）に置いてください。」

2問以上正答した子どもには、以下の質問を続けます。

④ 「犬を箱の上にのせて、ハサミを私（検査者）にください。」

⑤ 「ボタンを犬の前に置いて、箱を開けてください。」

(3) 評価基準と発達の目安

①②③の1問正答で1歳。2問で2歳。④⑤のいずれか1問正答で3歳。

検査8　表現能力

(1) 検査の意義

子どもの自由な言語表現を通して、表現能力を把握するとともに、言語表現のつまずきや特徴を捉えます。

(2) 検査の内容

「今から絵を見せます。その絵のお話をしてください。」と言って5〜6秒待つ。話し始めない時は下記のように促してください。（促しの例）「この絵は何の絵でしょう？」「これはどうしたのでしょうか？」「誰と誰が、何をしているところですか？」「これからどうなると思いますか？」「ここには、何がありますか？」「なんと言っているでしょう。」

また、この促しは2〜3語だけで終わってしまった時にも使い、10語以上の発語を促します。（絵1で割れているガラスとボールの関係が語られなかった場合）「これは、どうして割れたと思いますか？」

絵1：窓ガラスが割れていて棒を持った子どもが大人から叱られています。（ストレス状況）

絵2：風呂に入っている親子（リラックス状況）

絵3：手伝いしている子どもと家事をしている親（承認状況）

すぐに話し始めない場合は、20秒ほど待ってから次のような質問で促します。また、子どもの話にはできるだけ相づちを打ち、気軽に話し続けられるよう配慮します。

(3) 評価基準と発達の目安

1文が20語以上で30秒以内の基準を2文以上が満たしている場合は5歳。

1文が10語以上で30秒以内の基準を2文以上が満たしている場合は4歳。

1文のみが4歳の基準を超えている場合は3歳。

文の内容から、a）行動・状況の論述、b）子ども気持ちの表現、c）大人の気持ちの表現、d）関係性の把握ができているかを確認します。偏りがあればチェックします。その他の評価は子どもの話を聞きながら、吃音や話し声の不自然さ、話のこだわりやまとめ方をみます。ストレス、リラックス、承認のそれぞれの内容において、ふさわ

しくない表現があった場合にも
チェックしておきます。

　絵で反応しない時は、「○○さ
んのうちにはだれとだれがいる
の？」「仲よしのお友だちは、だ
れとだれ」「今日は何して遊んだ
の」などと、絵とは直接関係の
ない、身近で、子どもに関心の
ある質問をして、発語を促して
もかまいません。

※ここでの「表現能力」の検査は、
子どもの自由な言語表現の観察で
す。表現能力と共に話し方の状態
を検査していますので、子どもが
検査者に対して話す内容と共に話
す時の早さや流暢さ、突っかかり
の状態、態度等に特に注意して見
るようにします。

　3枚の絵について基本的には、
自由に話をしてもらいます。そ
して、子どもの話を熱心に聞き
ながら、次のような点を確かめ
ます。
○吃音症状はないか
○話し声に異常がないか
○話のまとめ方や表現法が年齢
相応か

検査9　リズム打ち

(1) 検査の意義

　ことばを支える重要な要素と
して「リズム」があります。こ
こでは子どもが身体リズムでリ
ズミカルに刻むことが出るかど
うかを調べる。

(2) 検査の内容

　「今から私がするようにあなた
が真似をしてください。」と言っ
て、下記のリズムを言う。
① タンタンタン（♩・♩・♩）

② タタタタタン×2回（♫♫♩・
♫♫♩）
③ タタタンタタタンタンタンタ
ン×2回（♫♩♫♩♩♩♩・♫
♩♫♩♩♩♩）

※「タ」がうまく発音できない時は、
指で机を叩いてリズムをとっても
らいます。
リズム遊びを楽しめる時は、他の
リズムにいきます。楽しむことが
できたら終わります。

(3) 評価基準と発達の目安

　ことばの把握や発音を支える
リズムを正しく受け止めること
ができるかどうかを確かめ、運
動性の麻痺や舌の機能不全、器
質的な吃音などの原因などを探
ることができます。

　ここでは、検査者の打つリズ
ムをまず聴覚的にきちんと受け
止め、その音のリズムを聴覚的
に記憶しなければなりません。
つまり聴知覚の働きが特に重要
になるのです。特に間違った場
合にも間違いの特徴が重要な意
味を持ちますので、間違ったリ
ズムの詳しい記録をしておくよ
うにします。

　後の検査で「吃音」の症状が
見られる子ども場合は、専門機
関に紹介する場合にこのリズム
打ちの録音が役に立つ場合があ
ります。

検査10　舌の運動

(1) 検査の意義

　人がことばを話すにあたって、
舌は最も重要な働きをします。そ
こで、ことばのつまずきのある子
どもへの対応では、まず口腔と舌

の運動を見ることが必要です。

(2) 検査の内容

①口腔観察

　はじめに、子どもに口を大き
く開けて少し上を向かせて口腔
内を観察していきます。この時、
口の中の上の口蓋を注意して見
ます。時として口蓋が割れてい
たり変形していたりすることが
ありますのでそれを確認します。
異常が見られる場合は口蓋裂の
疑いがあり、発音の検査の時に
は特に注意深く聞き取ることが
必要です。

②舌を出し入れ運動

　子どもに向き合って座り、舌
を閉じた唇から出し入れするの
を見せて「今度はあなたが先生
の真似をしてください。」と指示
して観察します。この時、舌の
動きをよく観察して、異常に気
づいた時には記録します。脳性
まひの子どもは微妙な変化があ
りますので特に注意深くする必
要があります。次に徐々に早く
していきます。この時、特に動
きの遅い子どもがいた場合は、
時間を10秒に区切って何回出し
入れできるか記録しておきます。

③舌を上下左右運動

　子どもと向き合って座り、舌
を上唇に付けるのを見せて「今
度はあなたが私の真似をしてく
ださい。」と指示して観察します。
次に、子どもと向き合って座り
舌を下唇に付けるのを見せて真
似をするように指示して観察し
ます。さらに、舌を右唇に付け
るのを見せて真似させ、その後
舌を左唇に付けるのを見せて真

似させていきます。

④舌の回転

　子ども向き合って座り舌を唇の周りをゆっくりくるっと回して見せて、「今度はあなたが先生の真似をしてください。」と指示して動きを観察します。

(3) 評価の基準と発達の目安

　ダウン症の子ども中には舌が厚く盛り上がったようになっている子どもがいますので、その形の特徴をよく観察します。このような子ども場合はことばが不明瞭になることがありますので特に注意深く観察をする必要があります。また、舌の裏側にある舌小帯が舌の先の方までつながっているようなこともありますので舌を上唇につけるようにさせながら異常があるかどうかを確かめます。このような子どもの場合も発音の検査の時には、特に注意深くする必要があります。

　一方、ここでのやり取りで検査者の指示に従ったり検査者の模倣ができたりするかどうかということもよく観察しておきます。「知的障害」「自閉スペクトラム症」「注意欠如多動症」の子ども場合は、指示が理解できずにつまずくことがありますので注意深く観察する必要があります。

おわりに

　今回の保育心理士のフォローアップ研修では、子どものことばのつまずきの支援ができる保育心理士を育てることを目的にしましたので、参加者全員が言語発達検査をできるようになるための実習に力を入れました。言語発達検査一つ一つの項目を検査キットで体験できるように具体的に述べました。今回の講習に参加でなかった人も子どもの報告書を参考にしながら是非体験してみてください。

　この言語発達検査キットを開発する以前は、「保育言語士養成講座」で『子ども発達とことば・かず』に紹介している「保育のための言語発達検査」を長く使用してきました。この機会に、これらの検査を使用し、保育の場で活用事例を収集するとともに検査法の改善に幾多のアイディアを提供するなど、言語発達の検査法の開発に長い間協力して頂いた発達相談研究会、大分県難聴言語研究会、保育言語研究会、大分こども発達支援センター、保育心理士会の皆様方に心より感謝申し上げます。

注

1) 牧野桂一・山田真理子『ことばが育つ保育支援』エイデル研究所、2013 p58-p90

2) 牧野桂一・山田真理子『言語発達検査手引書』エイデル研究所、2013 p1-p38

参考文献

・福迫陽子・伊藤元信・笹沼澄子『言語治療マニュアル』医歯薬出版株式会社、1990

・American Psychiatric Association著、高橋三郎ほか訳『DSM-IV精神疾患の分類と診断の手引』医学書院、1995

・津守真『乳幼児精神発達診断法』大日本図書、1994

・W.K.Frankenburg,M.D原著『DENVER II－デンバー発達判定法-』社団法人日本小児保健協会、2003

・牧野桂一『子ども発達とことば・かず』たちき書房、2010

・牧野桂一『受けとめる保育』エイデル研究所、2013

・牧野桂一「特別な保育ニーズに応えるために（4）」『げんきNo.137』エイデル研究所、2013

・牧野桂一「子どもの発達とことばのつまずき（1）（2）」『ほいくしんり』エイデル研究所、2013

・牧野桂一「気になる子どものことばの評価と支援の在り方」『筑紫女学園大学・短期大学部人間科学研究所年報第22号』2013

牧野桂一
東亜大学客員教授、純真短期大学客員教授、大分こども発達支援研究所所長

誌上講座

保育人間学2
真宗保育：ほんとうに大切なことを見つけ続ける力を育む保育実践

冨岡量秀 大谷大学教育学部教育学科幼児教育コース教授

はじめに

　2020年は新型コロナウイルス感染症（COVID-19）が全世界的に猛威を振るい、今までにない危機意識を私たちは抱えています。この危機を通して私たちは何を学び、次の世代へと受け継いでいくべきなのでしょうか。そこには様々な視点がありますが、ここでは、保育心理士への学びとして大切にしている「保育人間学」への学びという視点から考えてみたいと思います。

1 子どもの豊かな育ちと　学びを目指して

　就学前の子どもたちの育ちと学びの骨格を示す、幼稚園教育要領、保育所保育指針、幼保連携型認定こども園教育・保育要領が改訂（改定）され、実践が展開されている。この改訂（改定）は就学前に止まるものではなく、順次改訂される小学校、中学校そして高等学校の学習指導要領の改訂と連動するものです。

　今回の改訂（改定）には、いくつかのポイントがありますが、その中で就学前の保育園・幼稚園・認定こども園から、学校教育としての小・中・高等学校まで一貫した、「知識・技能」、「思考力・判断力・表現力等」、「学びに向かう力・人間性等」といった3つの柱が明確にされたこと。そして就学前としては、幼児期の終わりまでに育って欲しい「10の姿」が出てきたことが挙げられます。そして、もう一つは小・中・高等学校、全ての学習指導要領の改訂と連動して、一貫した子どもの育ちと学びの道筋・地図が明確にされたということだといえるでしょう。

　今回明確に位置付けられた、「知識・技能」、「思考力・判断力・表現力等」、「学びに向かう力・人間性等」の3つの柱、そし

て今後の子どもたちが獲得すべきこととして重要視されている「どのように学ぶか:主体的な学び、対話的な学び、深い学び」などは、「真宗」の教え、すなわち親鸞聖人への学びを大切にする全ての保育園・幼稚園・認定こども園、小学校、中学校、高等学校が子どもたちに願ってきたことであり、子どもの本質的な育ちと学びへの願いを明確化させたものと考えます。

例えば、「どのように学ぶか:主体的な学び、対話的な学び、深い学び」などは、それこそ親鸞聖人の学ばれた「学び方」そのものだといえると思います。そしてその「学び方」を通して育てたい、子どもの「非認知能力」と言われるものは、「真宗」が、そして（公益社団法人）大谷保育協会が、そもそも子どもたちの育ちとして願ってきたことであると思います。

例えば幼稚園教育要領に新しく置かれた「前文」には、「一人一人の幼児が、将来、自分のよさや可能性を認識するとともに、あらゆる他者を価値ある存在として尊重し」という内容が明記されています。これは「あらゆる存在が尊い」ということを教育の基盤としている「真宗」が、子どもたちに願っている育ちでしょう。この育ちと学びが小・中・高へと一貫したものとして展開されることが明確にされたのです。

2 学びに向かう力・ 人間性等という課題

この「学びの地図・道筋」の骨格となるものが、「知識・技能」、「思考力・判断力・表現力等」、「学びに向かう力・人間性等」といった3つの柱です。「知識・技能」とは「何を知っているか、何ができるか」という

視点・課題となっており、「思考力・判断力・表現力等」は「知っていること・できることをどう使うか」ということが視点・課題になっています。そして「学びに向かう力・人間性等」は情意、態度等に関わるものであり、「どのように社会・世界と関わりよりよい人生を送るのか」ということが視点・課題となっています。

この中で、「知識・技能」、「思考力・判断力・表現力等」は、目に見える形で評価することは可能かもしれません。しかし3つ目の「学びに向かう力・人間性等」というのはどうでしょうか?なかなか難しいですし、数値化するものでもありません。しかしこの3つ目の柱が要であり、重要な課題なのです。

そもそも、子どもの豊かな育ちと学び、そして生涯にわたる人格形成の基礎を培う、就学前の乳幼児期の保育・教育において3つの柱は、新しい考え方ではなく、表現は違いますが以前から大事にされてきたことであり、改訂（改定）前の幼稚園教育要領や保育所保育指針に書かれてきたことです。その中でも、特に3つ目の「学びに向かう力・人間性等」という豊かな情意、態度等に関わることは、多くの保育園・幼稚園の実践の場で、育ててきていますし、生涯にわたる人格形成の中核なのです。しかし現状の課題は、その豊かな育ちを獲得しているのに、小学校、中学校、そして高等学校での育ちに繋がっていないということではないかと考えます。

実際にこの3つの柱を基軸として、いわゆる学校教育を展開していくにあたり、容易に想像できるのは、「知識・技能」、「思考力・判断力・表現力等」が中心にな

り、「学びに向かう力・人間性等」が理念だけ、あるいは単なる言葉だけになってしまうかもしれないということです。なぜならば現場の先生の資質・能力としての「学びに向かう力・人間性等」が問われるからです。理由は簡単です。子どもたちは身近にいる「おとな」たちから、情意、態度、価値観等を受け継ぎながら育っていくからです。厳しい言い方をすれば、受け継いで「しまう」のです。このことは多くの方が実感されていると考えます。つまり「子ども」の問題ではなく、「おとな」自身の問題なのです。この事実に、「おとな」たちは目をそらしてはならないと思います。子どもの育ちと学びの問題は、実は「おとな」自身の問題なのです。

　子どもたちは「おとな」たちの世界に生まれるのです。そしてその世界で育ち、学んでいくのです。そのプロセスで子どもたちは、「おとな」が「どのように社会・世界と関わりよりよい人生を送るのか」を見ているのです。日本に生まれた子どもが、日本語を身につけていくように、深く「おとな（わたしたち）」たちの社会・世界への関わり方や人生への向き合い方を受け継いでいくのです。だからこそ私たち「おとな」に求められることは、自分自身の事実と向き合うことなのだと考えます。

3　真理を求める人となる

　この「学びに向かう力・人間性等」に着目し、少し具体的な中身に入ってみたいと思います。そこで新しい幼稚園教育要領を取り上げてみたいと思います。なぜならば幼稚園教育要領には、日本の幼児教育そして学校教育が何をめざしているかが、書か

れているからです。それは今回の改訂で新たに設けられた「前文」に明確にされています。この「前文」には、教育の目標として、教育基本法から次の5つの目標の達成が挙げられています。

1. 幅広い知識と教養を身に付け、真理を求める態度を養い、豊かな情操と道徳心を培うとともに、健やかな身体を養うこと。
2. 個人の価値を尊重して、その能力を伸ばし、創造性を培い、自主及び自律の精神を養うとともに、職業及び生活との関連を重視し、勤労を重んずる態度を養うこと。
3. 正義と責任、男女の平等、自他の敬愛と協力を重んずるとともに、公共の精神に基づき、主体的に社会の形成に参画し、その発展に寄与する態度を養うこと。
4. 生命を尊び、自然を大切にし、環境の保全に寄与する態度を養うこと。
5. 伝統と文化を尊重し、それらをはぐくんできた我が国と郷土を愛するとともに、他国を尊重し、国際社会の平和と発展に寄与する態度を養うこと。

　この5つは、教育基本法に掲げられており、新しい目標ではありません。ということは、今の小中高の学校教育もこの目標が達成されているべきです。いかがでしょうか？　例えば私が下線を引いたところに着目してみると、1. 子どもたちは真理の探究者となっているでしょうか？　2. 自分をそして他者を尊い存在となっているでしょうか？　3. 他者と共に生きる関係性を築いているでしょうか？　4. あらゆる生命を「尊い」という見方ができているでしょうか？　5. 本当の

意味で伝統や文化を学びそれを活かしているでしょうか? といった疑問が出てきます。

1. の「真理を求める」というのは、あらゆる学問領域の本質的課題であり、教育の基本中の基本であると思います。そのような視点を学校教育の現場の教員は持っているでしょうか。自分自身が真理の探究者でありたい、子どもたちにもそのことを伝えたいと願っているでしょうか? これはとても大切な問題なのです。なぜなら、子どもたちは、先生から真理を求める態度や学び方を学ぶからです。「先生」というのは、その役割を担うものなのです。先生のものの見方や価値観が無意識のうちに、子どもたちに受け継がれてしまうことを「潜在的カリキュラム」といいます。「潜在的カリキュラム」とは、目に見えるものではなく、それこそ「潜在」しているものであり、しかも根深く子どもたちの中に浸透してしまうものです。ですから辞書的には、学校教育の果たしている「実際のカリキュラムとなってしまっている」とされます。簡単に言えば、先生が本当に真理の探求者でなければ、先生がいくら口で真理の探求を語っても、子どもたちには「真理を求める態度」は養われにくいということです。

今回の改訂（改定）には、大切に考えるべき「子どもの育ちと学びへの願い」が、より明確に打ち出されています。それらを本質的且つ実践的視点から考えていくべきなのでしょう。

4 ともに歩んでいく存在になる

この「前文」には、「5つの目標の達成」に続いて、次のことが書かれていまする。「これからの幼稚園には、学校教育の始まり

として、こうした教育の目的及び目標の達成を目指しつつ、一人一人の幼児が、将来、自分のよさや可能性を認識するとともに、あらゆる他者を価値ある存在として尊重し、多様な人々と協働しながら様々な社会的変化を乗り越え、豊かな人生を切り拓き、持続可能な社会の創り手となることができるようにするための基礎を培うことが求められる」。ここにとても重要な、子どもの「育ちと学び」への「願い」が書かれています。

いくつかの重要な内容がありますが、ここで着目したいのは、やはり下線を引いた「あらゆる他者を価値ある存在として尊重し」という部分でしょう。この「願い」は間違っていませんし、とても重要です。しかしある意味、「大人」にとってこのような内容を提示することは、心地のよいことかもしれません。問題は、この「願い」を単に言葉として載せることで満足し、実質が伴わないということです。また間違った方向に捉えられてしまう危険性もあります。特に社会全体としての課題は「価値ある存在」ということを、どのように捉えるか?ということです。

「価値ある」とは、何かができること、何か社会の役に立つことという視点が、すぐ出てしまうのではないでしょうか。それは間違いです。「価値ある」とは、「存在」そのものにあるのです。言い換えれば「生まれたこと」、そのことだけで「尊い」のでしょう。「あらゆる存在」が無条件に「尊い」のです。このことを揺るぎなく子ども達に伝え、そして根づかせていく「育ちと学び」を大人達・社会全体が「願う」ことが大切なのだと考えます。

ここではもう少し積極的な視点を敢えて

提示してみたいと思います。ここに挙げられている5つの目標は、この課題を達成するための目標と捉えてみたらどうでしょう、考えられるでしょうか。

　例えば、なぜ「1. 真理を求める態度を養う」のかといえば、「あらゆる存在」が無条件に「尊い」という「真理」に気づいていくためでしょう。「2. 個人の価値を尊重」する経験や、「3. 自他の敬愛と協力を重んずる」経験、そして人と人との関係だけではなく、あらゆる「4. 生命を尊ぶ」学びや態度・姿勢を身につけることを通して、気づいていく「育ちと学び」なのだと考えます。そしてその大切なことを伝えてきた人類の歴史に「伝統と文化を尊重する」ことで、「教え」にであい、学んでいくことが願われていると捉えたいと思います。しかし、このことは私たち「人間」にとっては、とても難しい課題なのです。だからこそ仏教が長い年月を経て、現代に生きる私たちにまで、伝わってきているのだと考えます。

　このことを私たちに身を以て伝えていただいているのが、親鸞聖人だと思います。親鸞聖人は、あらゆる存在を「御同朋・御同行」として大切にされました。この「御同朋・御同行」とは、同じく真理を求め、ともに歩んでいく存在として、お互いが大切な存在であるということを教えている言葉だと考えます。そして仏教は、そのことを伝える「教え」であることに、であっていかれた人が、親鸞聖人といえるのでしょう。

5　真理とであう「学び」とは

　現代の社会的な価値観として、また子ども達の教育的課題としても科学的知識の獲得の重要性があります。これはとても大切

なことです。あらゆる学問領域において科学的な視点がなければなりません。ここで前述したように「おとな」自身が確かめるべきことは、自分自身はほんとうに科学的であるのか?ということです。そしてさらに、ほんとうに科学的であるとはどういうことか?と問い続けることが大切であると考えます。

　20世紀最大の科学者であるアルベルト・アインシュタイン（Albert Einstein 1878-1955）は、私たちにどのような視点を提示しているでしょうか。アインシュタインは、様々な言葉を残していますが、その中で「人類にとっては、ブッダやモーゼやイエスのような人たちの功績の方が、科学を探求した人たちの業績よりもずっと大きな意味があります」と言っています。「ブッダ」とは、仏教のお釈迦様のことですね。「モーゼやイエス」とはキリスト教の偉人です。つまり世界的な宗教の偉人達ということになります。アインシュタインはその宗教的偉人達の功績の方が、科学者の業績用よりも大きな意味を見出していることはとても興味深いです。なぜこのような視点を持たれたのでしょうか。その理由として、アインシュタインは「人類が人間としての尊厳を守り、生存を確保し、生きることの喜びを維持し続けたいなら、これら偉人たちがわたしたちに与えてくれたものを、全力で守り続けなければなりません」という言葉を残しています。

　現代の多くの「おとな」達は、宗教は古くて意味を無くしたものであって、科学こそが全てであり、科学こそが人類を幸せにすると、何の根拠も、確かめもないまま思ってしまいがちです。しかもおよそ科学

的とは、程遠いことが溢れている社会で生活しているにもかかわらずです。

対して20世紀最大の科学者であるアインシュタインは、決してそのようなことは言わず、「ブッダやモーゼやイエス」といった宗教的偉人達が「わたしたちに与えてくれたものを、全力で守り続けなければなりません」と明言するのです。ちょっと科学者らしくないようようですが、ここにアインシュタインの深い見識があると思います。

多くの「おとな」達は意外だと驚かれるかもしれません。しかし多くの誠実な科学者達もアイシュタインと同様の視点を提示しているのも事実です。アインシュタインは科学の大切さと同時に、科学を使う「人間の問題」に着目した人であったということです。人類を幸せへと導くために発展してきたはずの科学が、実は人間自身の身勝手な思いで、人類を破滅へと導く道具となってしまう現実と向き合ったのです。これは科学的探究の営為に沸き起こってくる解き難い課題なのです。

このような課題を抱える私たちに、人類にとってこれらからも守り続け、そして「おとな」から子どもへと伝承すべきものとして、アインシュタインは宗教的偉人達が遺してくれたものであるとします。そこに「人類が人間としての尊厳を守り、生存を確保し、生きることの喜びを維持し続ける」大切なことがあるのです。ここに「おとな」達が確かめるべきことがあると考えます。それは科学的知識と宗教的知識は相反するのか?矛盾するのか?ということです。現代はその確かめもなく、短絡的に相反する、矛盾するという答えを無根拠に出し、子ども達に受け継ごうとしているのではないでしょうか。

このような課題に対してアインシュタインは、科学的知識と宗教的知識は相反し、矛盾するのではなく、科学の抱える危うさと課題を、「教え」への学びをとおして智慧ある眼で見極めていく「育ちと学び」を身につけていくことが願われているのでしょう。

6 科学的な学びと
宗教的な学びの両方が大切

アインシュタインはさらに「わたしたちには理解できないものが存在し、それが最高の知恵と美として具現しているということ、人間の乏しい能力をもってしては、はっきりとは知覚できないものがあるのを知っていること、それが真の宗教心の核心です。そういう意味では、わたしは非常に信心深い人間です。」と語るのです。とても興味深い内容です。ここで言われる「わたしたちには理解できないものが存在し」というのは、何か神秘的な非科学的な存在のことではありません。いくら学んで知識を身につけても、まだまだ解らないことがたくさんあり「不思議だなぁ!美しいなぁ!」という発見が無限にあるということでしょう。そのような学びと体験から心を揺り動かされ、さらなる学びへの意欲となっていくのです。それは同時に「人間の乏しい能力(まだまだ解らないことがたくさんある)」という「敬虔な態度」を育み、自分自身の「自覚」へと繋がっていくことになるのです。そのような豊かな学びを保証していくことが大切であり、願われていることなのです。そこに「真の宗教心の核心」があるといいます。私たち日本人は、宗教と聞くと「何かを信じ込むこと」と短絡的に捉える傾向が

あります。「何かを信じ込む」ことは「迷信」です。宗教とはそんな乏しいものではありません。そのことを大人がしっかりと学び、認識すべきです。大人の方が実は「迷信」に迷っているのではないでしょうか。

　就学前の子どもたちは基本的に理科的な内容がとても大好きです。遊びを通して、子どもたちは自然界の中に「すごい!不思議!面白い!」、そして「もっと見せて!知りたい!」、「なんでだろう?」といういわゆる科学的な発見や学びに心を揺り動かされます。そこには「好奇心→探究心→思考力」への芽生えがあるのです。だからこそ小学校の理科が重要であり、教員の豊かな関わりと学びへの眼が重要なのです。そのような「学びの地図」を歩む中で、豊かな知識と真摯で敬虔な態度を身につけていけるのです。しかし現実には難しい状況があるのです。だからこそ子どもたちが育つプロセスにおいて、社会や文化、そして伝統といった多様で豊かな関わりが大切なのです。

　その意味で、寺院などの宗教的な学びの場は、子どもたちの育ちと学びにとって重要な意義と役割があるのです。大切なのは、何をどのように伝えるかということを考え直さなければならないということなのです。それは人類が人間としての尊厳を守り、生存を確保し、生きることの喜びを維持し続けるための実ある学びとなっているかということです。

7　宗教的な学びの意義とは

　宗教的な学びの意義について、科学的知識と宗教的知識は相反し矛盾するのではなく、科学の抱える危うさと課題を、「教え」への学びをとおして智慧ある眼で見極めて

いく「育ちと学び」を身につけていくことが願われているということを提示しました。それは「人類が人間としての尊厳を守り、生存を確保し、生きることの喜びを維持し続ける」大切な学びなのです。

　この学びを支えるのが寺院などの宗教的な学びの場です。では、この宗教的学びの場には、どのようなことが課題としてあるでしょうか。そのことについて、現代の教育に大きな影響を与えたジョン・デューイ（John Dewey 1859-1952）は「今日の一般的概念によれば、どの成立宗教も受け入れない人は、無宗教者として取り扱われる。併し、一面に、沈滞した宗教の現状があることを忘れてはならない。その沈滞の現状は、人間経験に於ける宗教的な特性の発露が妨げられていることと、密接に関連している。知的にも倫理的にも現代の条件に相応しいような形で、宗教的経験の内容が意識され、表現の方法を見出すことが、出来なくなっているのである」と指摘するのです。そしてこれが問題の実の姿であるというのです。とても重要な指摘だと思います。

　まずデューイの基本的な宗教というものへの視点として、人間の育ちと学びにおける「宗教的な特性の発露が妨げられている」ことを課題としているということです。なぜ妨げられているのかと言えば「知的にも倫理的にも現代の条件に相応しいような形」になっていないからだと指摘します。私たちは「今・ここに」生きているのです。その「今・ここに」生きているものに「宗教的経験の内容が意識され、表現の方法」が示されなければならないのです。そうでなければ「宗教的な特性」は「発露」できないのです。

このことは実は「宗教的」な学びに限りません。学校という教育の場にも求められていることです。常に学びの場は「今・ここに」生きているものに開かれるものではなければならないのです。「学び」とはそういう環境において初めて、一人ひとりの子どもたちの中に開花していくのです。

ではデューイにおける「宗教」とは、どのような性質を持ったものでしょうか。「何かを信じ込む」という「迷信」的なものでは決してありません。デューイにとって「宗教」とは、「人間経験の、部分的な移り変わり易い出来事に、全体的な見透しを与える力がある」ものなのです。「何かを信じ込む」という意味は全くありません。私たちの生きている世界は常に安定しているのではありません。常に移り変わっているのです。その現実の中で、何が大切なことなのかを見失い、迷い、歩むべき道がわからなくなってしまうのです。あるいは自分勝手に「正しい」ことを設定してしまうこともあるでしょう。本来、教育は、そのような一人ひとりの切実な問いに応え、拙速に答えを出すのではなく、本当にそれは「正しい」ことなのかと立ち止まり、考える方法を示すものであると考えます。その意味で、教育とは「宗教的」な特性を持ちうるものであると考えます。ここで大事なのは、「宗教」とは何かという確かめです。前述しているように、「何かを信じ込む」ことではありません。その視点に立つ時、「宗教」の意味を考える視点が開け、「教育」としてはたらく意味が見出されるのではないでしょうか。その時に大切なことは、「現代の条件に相応しいような形」となることなのです。

8 宗教的情操の豊かな 「育ちと学び」の獲得

ここでデューイの指摘をもとに、一つの視点を提示したいと思います。前述した子ども達が身につけるべき資質・能力の3つの柱の基盤となっている「学びに向かう力・人間性等」の「どのように社会・世界と関わり、よりよい人生をおくるのか」という課題に対してものに、「宗教的学び」が一つの方向性を獲得させるのではないかということです。つまりデューイが言うように「人間経験の、部分的な移り変わり易い出来事に、全体的な見透しを与える力がある」ものとしての「宗教」です。

ではこの「宗教的な学び」について考えてみたいと思います。「宗教的な学び」とは、キリスト教や仏教などの「宗教」そのものへの学びではありません。そうではなく幼児期においては宗教的情操の「育ちと学び」ということだと思います。また教育の目標である「真理を求める態度を養い」とは、迷信的なことを超えて「人間経験の、部分的な移り変わり易い出来事に、全体的な見透しを」獲得していくことであると考えます。つまり「真理を求める」方向性の獲得を目指すのです。それを豊かにするものが「宗教的情操」なのだと思います。

では、どのように宗教的情操は育まれていくのでしょうか。そのことについてデューイは「人間と環境との、自然的な交渉がより多くの知性を育み、より深き知識を生むことを確信している。そして更に深く、世界の不思議の中に突き進んでいくことを前提条件とする。それが宗教的な特性を持ち得る」と述べています。これはどういうことかと言えば、子どもの育ちと学び

の上で、環境を通して様々な事象と出会い、そこに不思議さを発見する。その発見、驚きが更なる事象との出会いへと繋がっていくのです。その出会いは「私（人間）」とその生きている「世界」の事実を「知る（自覚）」出会いへと繋がっていくのだと考えます。その繰り返しを通して「真理を求める態度」というものが、次第に養われていくのではないでしょうか。

このような「育ちと学び」は、現代を生きる私たち「おとな」に最も欠けているものではないでしょうか。だからこそ「保育人間学」という科目では、子ども達の育ちと学びを通して、「おとな」自身が、何がほんとうに大切なことなのか？という課題に向き合っていくことを学びの内容としているのです。

冨岡量秀

大谷大学教育学部教育学科幼児教育コース教授。専門は、真宗学・真宗保育、幼児教育学。主な著書に『真宗保育をデザインする』（公益社団法人大谷保育協会、2015年）、『真宗保育をデザインするⅡ　ーカリキュラム・マネジメントへの視座ー』（公益社団法人大谷保育協会、2018年）など。

＊下のシールの取扱いについては、表紙裏の「保育心理士＝学びの出発点」をご覧下さい。

「ほいくしんり」
2020／13号

保育人間学2
単位認定
申請シール

障害児保育1
子どもの理解は支援の出発点
子どもと保護者の笑顔をいっぱいみるために

雫石弘文　別府大学短期大学部初等教育科教授

1 「障害」の整理
(1) 障害とは何か

　あなたは「障害って何ですか」と問われたら何と答えますか。

　障害のイメージとしては、「足が不自由」「目や耳が不自由」ということがわかりやすく、「できないことが多い」「かわいそう」と思ってしまう人たちは多いと思います。その結果、保育者として「できるだけ困りが少ないように補助することが私の役目」と思うことは当然のことかもしれません。それは、「やさしさ」「思いやり」ともとれますが、果たしてどうなのでしょうか。これからの時代を障害のある子どもたちと共に生きていくためには、子どもをどのように理解して、どのようなスタンスで支援をしていく必要があるのでしょうか。

(2) 障害の概念

　1980（昭和55）年に世界保健機関（WHO）は国際障害分類（ICIDH）を発表しました。ここでは、「障害」を「機能障害（Impairment）」「能力障害（Disability）」「社会的不利（Handicap）」の3つのレベルに分けてとらえました（図1）。

　この障害構造モデルは、図1の流れのように、疾病などの結果、身体の器質的障害又は機能不全があると、様々な能力に障害が出て、日常生活や学習上の種々の困難が生じます。その結果、一般の人々との間に社会生活上の不利益が生じ、うまく社会参加ができないという「マイナス面」からの捉え方で批判もありました。そこで、WHOは、図2のようにICIDHの改訂作業を行いました。

　WHOは、障害のある人だけではなく、障害のない人も含めた生活機能分類として、2001（平成13）年に国際生活機能分類

（ICF）を発表しました。これは、生活機能という「プラス面」からの視点に転換し、「環境因子」「個人因子」のなどの観点を加えた考え方でした。

図2のICFの概念では、人の生活機能は「心身機能・身体構造」「活動」「参加」の3つの要素で構成させていて、それぞれの生活機能に支障がある状態を「障害」ととらえています。また、生活機能と障害の状態は、健康状態や環境因子等と相互に影響し合うものと説明されています。

「環境因子」とは、福祉用具や建設等の「物理的環境」、家族や友人等の支援の「人的環境」、制度やサービス等の活用の「社会的環境」のことです。ICFの概念から見ると、これらの環境により障害の度合いは大きく変わるということです。こう考えると「障害は、適切な理解と支援が必要な個性」であるともいえます。彼らの一番近いところにいる家族はもちろん、教師や保育者の役割はとても大きいのです。

（3）「教育基本法」の改正と 「学校教育法等の一部を改正する法律」

2006（平成18）年に教育基本法が改正されました。その4条には「国及び地方公共団体は、障害のある者が、その状態に応じ、十分な教育が受けられるよう、教育上必要な支援を講じなければならない」と規定しています。さらに、2007（平成19）

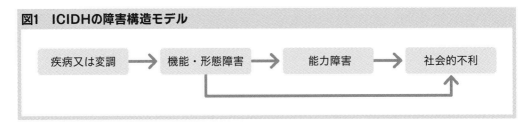

図1　ICIDHの障害構造モデル

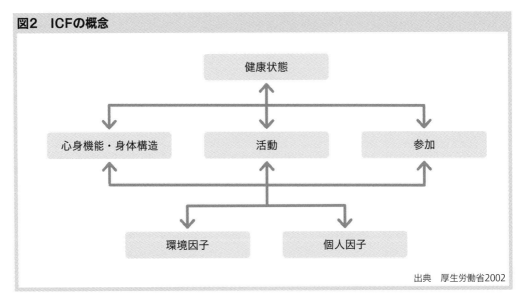

図2　ICFの概念

出典　厚生労働省2002

年には「学校教育法の一部を改正する法律」の施行により、「特殊教育」から「特別支援教育」への転換が図られ、一人ひとりの教育的ニーズに応じた支援が様々な場で行われるようになりました。

「特別支援教育」は、保育園や幼稚園、小・中・高等学校等の限定されたクラスだけではなく、どのクラスでも行われるという時代になったのです。

(4) インクルーシブ教育システムとは

2014（平成26）年に日本政府は「障害者の権利に関する条約（略称「障害者権利条約」）」を批准しました。インクルーシブ教育システムは、障害者権利条約において提唱された教育上の理念です。

それは、「人間の多様性の尊重等を強化し、障害者が精神的及び身体的な能力等を可能な最大限度まで発達させ、自由な社会に効果的に参加することを可能にするという目的の下、**障害のある者と障害のない者が共に学ぶ仕組み**」です。この理念に向けては、「基礎的環境整備」「合理的配慮」という重要なポイントがあります。

● 基礎的環境整備とは

これは、合理的配慮の基礎となるもので、法令や財政措置などにより国や都道府県、市町村が行う、障害のある子どもを支援するための教育環境の整備のことです。車いすが必要な子どものために校内にスロープを配備する、専門性のある教員や支援員を配置すること等は基礎的環境整備と考えられます。

● 合理的配慮とは

障害のある子どもが、他の子どもと平等に「教育を受ける権利」を享有・行使する

ことを確保するために、学校の設置者や学校自体が必要かつ適切な変更・整備を行うことを合理的配慮といいます。聴覚障害の子どもに、視覚的な情報提供のために、教科書の音読箇所の明示、身振りや手話を活用する等は合理的配慮です。

なお、基礎的環境整備も合理的配慮も体制面や財政面において「均衡を失した又は過度の負担を課さないもの」と定義されています。

2 保育現場における障害に関する理解

(1) 障害児保育における現状と課題

障害児保育は現在どのように行われているか、現状や課題を見ていきましょう。

① 分離保育と統合保育

障害のある子どもの保育は、保育所以外に、幼稚園、こども園、児童発達支援センター、特別支援学校幼稚部、障害児入所施設等で行われています。

● 分離保育

「児童発達支援センター」は、障害のある子どもが通所して「日常生活における基本的動作の指導、独立自活に必要な知識技能の付与又は集団生活への適応のための訓練（児童福祉法第43条）」を行います。ここでは、障害のある子どもだけを集めて支援を行うので「分離保育」といわれます。特別支援学校幼稚部、障害児入所施設も同様で、障害のある子どもの対応に詳しい保育者等が、子どもの特性等に応じて整えられた環境の中で保育をするため、専門性のあるきめ細やかな保育が期待できます。

● 統合保育

現在、多くの保育所等で行われているの

は、「統合保育（インテグレーション保育）」で、障害のある子どもを健常児と分離せずに保育をしています。この場合、障害のある子どもは、健常児からの刺激を受けて発達が促され、健常児は、多様性を受け入れ、困っている人を自然に手助けすることが学べます。

しかし、人的・物理的環境が整っていない場合や障害児に対する保育者の理解や技術が追いついていない場合は、障害のある子ども、周囲の子ども、保護者、保育者に過度の負担がかかっているのも現状です。

② 障害児保育の課題

近年は、統合保育の考え方をさらに進めた「インクルーシブ保育」が注目されています。統合保育では、障害のある子どもを健常児に合わせることに労力を費やしたり、逆に極端な特別扱いをしすぎたりすることに課題があります。それに対して、インクルーシブ保育は、合理的配慮を保障し、一人ひとりに応じた目標に向かい、無理のない支援をしていくものです。取り組まなければならない課題は多くありますが、少しずつでも実現に向かうことはこれからの時代に望ましいことです。

(2) 障害のある子どもの理解

3歳児は「自我の芽生え」の時期で、どんな個性も受け入れられる年齢です。この時期に保育者が「みんな同じでないといけない」「違ったことをするのは間違い」という残念な保育をしていると、4歳児になり、「自分と周囲との比較ができる」時期に、「手伝ってあげよう」ではなく、「できないのはおかしい」「困るから仲間に入れない」という行動につながってしまいます。子どもは、

いつの間にか保育者の姿勢と同じになっているのです。年長になり小学生になっても、「何でAちゃんはしなくていいの」「Aちゃんだけずるい」という考えを増長させていくことを少しでも防ぐために、保育者の役割は重要です。

① 発達に応じた保育内容の構成

保育内容は、簡単すぎても難しすぎてもいけません。子どもの発達の状態を見極め、生活年齢も加味して、興味が持てそうなものを選択します。障害のある子どもの保育内容の構成は、次のことがポイントです。

○ 対象の子の下の年齢の子どもの保育計画が参考になります。保育現場では、年齢別の保育計画をお互いに共有しておく必要があります。

○ 様々な活動に支障が出る障害のある子ですが、楽しい遊びの中に、必要な要素を少しずつ加味した活動を構成することで、ゆっくりでも無理なく成長していきます。

② 基本的生活習慣の形成

食事、排泄、睡眠、衣服の着脱、体の清潔等、日常生活の処理に関しては、長期にわたって介助を必要とすることも少なくありません。トレーニングに力点を置いた形だけを習得させようとする支援を見ることも多いのですが、そうではなく、どうしたら子どもが生活の中で必然性を感じ取りながら主体的に身につけていけるかということを考えてほしいと思います。着替えや排せつの練習は必要ですが、時間を割いて個別にすることだけが障害児保育の基本ではありません。できないことを練習する毎日は、子どもも保育者も楽しくありません。

③ 言葉に遅れのある子どもの理解

言葉で気になることを注意したり、言い直させたりすることが多くなると、吃音になったりチックが出たりということは、4歳児くらいではよく見られます。保育の場で言葉を育てていくためには、「人への関心を高め、人と一緒に遊ぶことが楽しくてたまらない」というような状態を作る中で、いろいろな言葉に触れさせていくことが最も大切です。言い間違いや不明瞭な発音は、一つ一つ指摘しすぎないようにしましょう。保育の場ではたくさんの言葉が飛び交います。子どもたちは心地よいことばのお風呂に入ったような感じになると、それが子どもの言葉を育てる土壌につながります。

(3) 合理的配慮に関する理解

次の「エピソード1」から合理的配慮について考えていきましょう。このエピソードはある保育士さんから相談を受けた内容です。

エピソード1

4歳児のAちゃんは、周囲の刺激に反応して、保育室から急に飛び出したり、大声を出して走り回ったりします。遊びの中でも周囲の子どもとトラブルが頻繁で、友だちを叩いたり、かみついたりすることが頻繁なので、私は「ダメでしょ」と叱ってばかりの毎日です。これからどうしたらよいのでしょうか。

Aちゃんは、診断はされていませんでしたが、多動や他害行為のある状況等から、自閉スペクトラム症等の発達障害の可能性は考えられました。対応に混乱していた保育士さんとの相談の中で、後に効果があった取り組みを紹介します。

● 支援の見直しには 改めて観察記録を取ってみよう

まず、保育士さんには「いつ」「誰と」「何を」しているとき、「どのような」状態になるのか、「よいとき」と「よくないとき」の両方の観察記録を支援内容も含めて記録してもらいました。地道ではありますが、支援はこれがスタートです。このことからいくつかの対応が見えてきました。

● 遊びを開始する前に、 遊びのルール等を具体的に伝えよう

Aちゃんが遊びの中で勝手なことをするのは、遊びのルールを理解していないことがわかりました。そこで、遊び始める前に絵を使ったり、やって見せたりする等、丁寧に説明した後、Aちゃんには個別に「困ったとき」「嫌なとき」にどうするかも具体的に伝えることにしました。

● 意図的に少人数での遊びを設定しよう

Aちゃんは、女の子たちと少人数で遊ぶときは不適応行動が見られませんでした。そこで、仲のよい少人数の友だちで遊べるように遊びの構成を変更し、徐々に仲間を増やしていくように考え直してみました。

● 当たり前を当たり前と捉えずに、 適宜ほめよう

子どもが普通に遊んでいるのは当たり前と思っていた保育士さんは、トラブルになったときだけ「ダメでしょ」と注意していました。「当たり前」と思う姿は、Aちゃんには目標にもなるのです。友だちと一緒に遊んでいるときに適宜褒めて、その姿を「強化」していくことにしました。

以上の対応を試みた結果、Aちゃんの笑顔が増え、トラブルは激減しました。「合理的配慮」と言われると専門的な難しい配

慮なのかと思いがちですが、この保育士さんが取り組んだ子どもの困りに応じた工夫そのものが「合理的配慮」と言えるのです。

（4）医療的ケア児の理解

　ここで重度重複の子どもの「医療的ケア」について少しだけ学んでおきましょう。

　医療的ケアには、痰の吸引や鼻などから管を通して栄養剤を流し込む経管栄養、自己導尿の補助などがあります。2004年10月以降、看護師が配置された特別支援学校では、教員が研修を終了して都道府県知事に認定された場合は、一定の条件下で、痰の吸引、経管栄養、導尿補助の3つが可能になりました。

　近年の保育現場においても、子どもの障害の重度・重複化が進み、園生活の中で日常的に医療的ケアを必要とする乳幼児を受け入れている園が徐々に増加しています。ただし、保育所等への受け入れは、自治体によって対応が大きく異なるのが現状で、受け入れている保育所等でも、保護者が一日中付き添って医療的ケアを行っているのがほとんどです。子どもを預けるためには仕事にも就けないということが大きな課題となり、保育所等への看護師配置等、その対策の推進が求められています。

3　保育で出会う障害の種類と理解

　現在、様々な障害のある子どもが保育園等に在籍しています。中でも多いのは、「発達障害」と「知的発達症」ではないでしょうか。「発達障害」の理解と支援は、「障害児保育2」で解説するので、この項では、その他の障害を学びます。

（1）肢体不自由

● 脳の損傷によるもの

　脳性マヒは、思い通りに体が動かせないだけでなく、てんかんや知的発達症を伴う場合もあり、身体上の制約はもちろん、構音障害があることから実際よりも知的に低く見られてしまいます。理解力をしっかり把握して対応する必要があります。

● 脊髄等の障害に起因するもの

　二分脊椎症は、主として下半身に障害が現れます。膀胱や直腸の機能障害のために排泄のコントロールが難しいので、導尿等の配慮が必要となります。

● 筋肉の障害に起因するもの

　筋ジストロフィーは、筋力の低下により、身体を動かすことが難しくなります。歩行・嚥下・呼吸などに機能障害が現れるので注意が必要です。進行性の場合、徐々に機能の衰えが見られます。

　その他、後天的な事故や病気による四肢欠損。骨の障害では、ペルテス病や骨形成不全症などもあります。肢体不自由のある子どもは、体の不自由さのために、劣等感を持ったり、消極的になったりします。できること得意なことを活かすことで自信を持たせ、自己肯定感をはぐくむ配慮が大切になります。

（2）知的発達症

　知的発達症は、現在では知能指数（IQ）に生活への適応力も加味して「軽度・中等度・重度・最重度」の判断がされています。乳幼児の場合、個人差なのか障害を伴うのかの判断はつきにくいのですが、徐々に周囲の子どもとの違いが見えてきます。特徴のいくつかを紹介しておきます。

① 成長に伴う特徴

● 身体的な特徴

　乳幼児期に首のすわりや寝返り、座位保持等に遅れが見られ、幼児期になっても手先が不器用、身辺処理に時間がかかります。

● 言葉の特徴

　発語が遅く、ある程度の理解はできても思いを発せられない、発音が不明瞭、物の名前は比較的獲得ができても、物の大きさの比較や順序に関することは獲得に時間がかかる等の特徴が見られます。

● 記憶や注意の特徴

　必要な情報の選択が未熟なために簡単な指示が聞けない、集中力がなく、すぐに遊びに飽きる、遊びを工夫することが難しい、ルールの理解が未熟、順番を守れない等の特徴が見られます。

② 支援方法

　知的発達症のある子どもは、ゆっくりですが、適切な支援によって着実に成長します。逆に、間違った支援は発達を後退させてしまいます。このことを念頭に置いて、あきらめず、焦らず、無理をさせずに様々な工夫することが大切です。

● 身辺自立の支援

　食事・衣服の着脱・排泄については、他の子どもと同じように早く自立させたいという思いから、保護者が訓練的な支援を園に対して要求してくるケースも少なくありません。この場合、保護者の気持ちを受容しながらも、目標をスモールステップで設定して、自分でできたという達成感を持たせることが次への意欲につながります。

　次のエピソード2は、ある保育士さんからの相談です。

エピソード2

同じ年齢の子どもと同じことができるようにと言う思いが強く、登園後の着替えも「早くしなさい」「自分でしなさい」と、強い指示をする保護者がいます。Bちゃんは、お箸での食事がほとんどできないので、スプーンからと段階を踏んだ取り組みをしようと思うのですが、保護者からは「練習ですから箸で食べさせてください」と言われます。お箸で食べさせようとしてもうまく食べられずに泣くばかりなのでどうしたらよいか困っています。

　「スプーンからの段階的な取り組み」はとても望ましいと思います。家で練習させることは否定できませんが、本人が極端に負担になることはよいことではありません。焦る保護者に対しては、気持ちは受け止めた上で、無理のない支援をしていくことを話し合っていく必要があります。

　例えば、「練習用のお箸」を使った遊びをしたり、短時間だけ練習させたりするのも一つのアイデアです。あくまでも、「食事は訓練でなく楽しいもの」であることを忘れないでください。

● 社会性を育てる支援

　社会性の育成は、遊びの中で必要な言葉を獲得させることがスタートです。

　まず、心がけることは「ちゃんとしなさい」等の抽象的な言葉を使わず、「手はお膝だよ」等と、具体的に投げかけているかを見直し、必要に応じて支援者側が指示の仕方を改善する必要があります。

　また、遊びの中でどのように活躍させるかは、保育者の腕の見せ所です。子ども同士のかかわりの橋渡しや遊び方のモデルを

示すことは大切です。時には、さりげなくその場を離れて様子を見ることは、自己決定能力を養うことにつながります。

（3）視覚障害、聴覚障害

① 視覚障害の子どもの理解

視力障害の子どもは、両眼で見たときの視力が0.3未満になると、黒板や教科書の文字を見るのに支障をきたします。

また、「走る」「投げる」等の基本運動の能力やバランス感覚には発達の遅れが現れます。手指機能にも遅れが目立つので、手指の操作が必要な遊びを意図的に取り入れてみることも大切なことです。言葉の使い方に関しては、具体的な経験を伴わない言葉を用いるので、遊びの中で具体的なイメージや概念の形成を促すことも必要です。また、見えにくさのために、行動の制限が余儀なくされ、依頼心が強くなるので、子ども同士のかかわりあう遊びを設定し、様々な人間関係を経験させましょう。

② 聴覚障害の子どもの理解

聴覚障害は、先天的又は後天的な原因によって聴力が失われることで、音が聞こえない、小さく聞こえる、音がゆがんで聞こえる等の状態です。聴覚障害児は聴覚的な情報不足からの困難さが生じます。共通する配慮は次のことが基本となります。

まず、指示の出し方に配慮することです。静かな場での指示、正面からの指示、視覚的情報を伴う指示等を心がけましょう。

次に、補聴器や人工内耳は高額なものなので、遊んでいる途中で外れ、踏んで壊してしまわない気配り、補聴器に違和感がある子どもに対しては、適宜、装着するように声掛けをすることも必要です。また、聴覚の問題から友だちとのコミュニケーションのトラブルも生じるので様々な場での目配せが大切です。

4　家庭及び関係機関との連携
（1）保護者や家族への理解と支援

障害児保育においては、保護者と連携しながら、子どもが安心して過ごせる環境を整えることは欠かせません。保育者は保護者のニーズを受け止めたうえで、チームとして取り組むことが大切です。

① 障害受容の過程

保護者が自分の子どもに障害があるとわかったとき、多くの保護者は、「この子を生まない（生まなかった）方がよい（よかった）のではないか」「育て方が悪かったのか」と悩むことが多いようです。

図3は、保護者が子どもを受容していく過程を10段階に分けて表したものです。それぞれの段階を経過する期間は、家族や支援者の理解等によって違い、①～⑩までの過程を通過する期間は、数ヶ月、数年とまちまちです。

我が子に障害があるのではないかと言われた保護者は、当然「精神的打撃」を受け、受け入れることができず「否認」することから始まります。次に、悲しみが襲い、どうすればよいか混乱して「パニック」になり、保育園等の対応に「怒り」、「敵意と恨み」を持つことも希ではありません。この過程の後は、「我が子が保育園に迷惑をかける存在なのか」等の「罪意識」「孤独感・抑うつ感情」に移行します。ただし、保育者等の我が子への丁寧な支援がある場合は、次第に「あきらめから受容」「新しい希望」「新しい価値観の誕生」に発展して

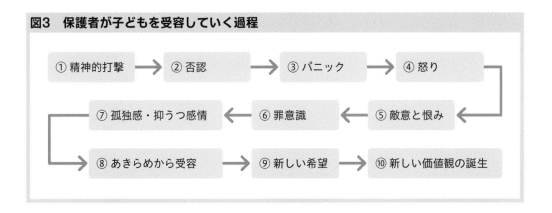

図3　保護者が子どもを受容していく過程

① 精神的打撃　→　② 否認　→　③ パニック　→　④ 怒り

⑦ 孤独感・抑うつ感情　←　⑥ 罪意識　←　⑤ 敵意と恨み

⑧ あきらめから受容　→　⑨ 新しい希望　→　⑩ 新しい価値観の誕生

行きます。

② 支援のポイント

　障害に対する受容が十分にできない段階（**図3** ①〜⑤）の保護者支援は、日常の保護者の悩みや疑問、不安に適切に対応することです。ポイントは次の通りです。

● 何より大切なのは保護者との信頼関係

　保護者には、子どもの様子（特によい面）を伝え、必要に応じて、実際に見学してもらう中で、「保育者が我が子をしっかり支援してくれている」「我が子も園では結構頑張っている」という実感をもってもらうことが大切です。こういう取り組みの中で信頼関係が深まり、悩みを打ち明けてくれるようになります。

● 気を付けるのはタイミング

　保護者が急いでいるときや落ち込んでいるときに重要な内容を伝えることは避けるべきです。タイミングを間違うと、伝えたいことが伝わらないばかりか、保護者との信頼関係が崩れてしまうこともあるので要注意です。

● 気持ちの変化を読み取る

　この段階の保護者は、子どもの行動、家族や親戚、他の保護者の言動によって一喜一憂の繰り返しです。連絡帳や日々の会話から保護者の気持ちの変化を読み取ることが大切です。また、保護者からの質問には、保護者の考えを全面的に否定しないように心がけます。なお、連絡帳での文字による返事は、本意が伝わらないこともあり、文面は後々まで残るので、言葉を選び丁寧に返事を返すことが大切です。可能な限り直接話し合うようにしてください。

● 組織的な対応をする

　気になる問題を保護者に伝えなくてはならない場合は、まず、主任や園長に何がどのように問題で、今後どうしたらよいのかを報告・相談することからはじめましょう。内容によっては、関係の専門家に相談し、助言を基に、保護者に伝える内容や方法を検討してください。その上で、保護者には、園長や主任等とともに、園長室や相談室等で面談をして、慎重に伝えるという組織的な対応が必要となります。

（2）地域の専門機関等との連携及び個別の支援計画の作成

① 地域の専門機関等との連携

　連携のとれる専門機関として、地域には、

市町村の「保健センター」、「子ども発達セ ンター」、病院、児童相談所、特別支援学 校等があります。専門家と連携することで 質の濃い支援が可能となります。

● 保健センター

定期的な検診、親子教室、歯科・育児相 談、発達検診の他、多くの事業を行ってい ます。子どもの発達の最初の相談の場とし て大きな役割を果たしています。

● 子ども発達センター等の療育機関

就学前の障害のある子どもが通える「児 童発達支援センター」等があり、障害特性 に合わせた少人数の集団活動を通した支援 や、専門の保育士、医師、看護師、心理士、 言語聴覚士、理学療法士、作業療法士、ケー スワーカー、心理相談員による療育相談や 療育指導が行われています。保育所等に通 いながら、併用している子どももいます。

● 特別支援学校

特別支援学校は、学校の専門性や施設・ 設備を生かして、地域の特別支援教育のセ ンター的な役割を果たしています。各学校 には、コーディネーターを配置して、要請 のあった保育園や各学校を訪問して様々な 支援をしています。

連携のとれる関係機関の情報収集は大切 ですが、簡単に「○○に相談に行ってみて ください」と言うと、保護者は「この園では 無理ってこと…」と不安や不満を増長させ てしまうこともあるので要注意です。「今後 のご家庭や園での支援のために一緒に相談 に行ってみませんか」というスタンスで投げ かけるのが効果的です。一緒に関係機関の 訪問をすることは保護者の不安を和らげる とともに、保育者の学びにもつながります。

② 個別の支援計画の作成

「個別の支援計画」は、子どもの支援を 生涯にわたり一貫して進め、自立と社会参 加をめざして必要な支援を的確に行うため に作成します。就学等の移行期にもこれを 活用して、小学校や特別支援学校に引き継 いでいくためにも活用されます。

まず、一人ひとりのニーズを踏まえた支 援目標を設定し、目標達成に向けた園、家 庭、療育機関、保健・医療機関、教育相談 機関等の支援内容や担当の支援者を記載し て、支援の役割を明確にします。連携の中 で支援を一定期間継続しながら、年度の終 わり等の節目に目標の達成度を評価して、 目標や支援内容等を見直していきます。

「個別の支援計画」には、書式や項目に 決まった様式はなく、市町村や園等の実情 に併せた様式となります。

次の項目は共通に必要な項目です。

基本的な事項
・本人の氏名
・生年月日
・家族の氏名等
・在園名(園長・担任名、住所・電話番号)

本人の状況(実態)
・障害の状態や発達段階
・療育手帳や身体障害者手帳の内容
・診断名と診断された医療機関
・生育歴の概要
・乳幼児検診の所見等

受けている支援の内容
・関係機関等から受けている支援の内容
　(場所、内容、頻度)

個別のニーズ
・子どもの将来の生活を見通し、現在の
　自立や社会参加に必要なこと

支援の目標
・本人や保護者のニーズ（願い）と支援体制等の現状も踏まえて、園、家庭、関係機関が連携して支援するための共通の目標

支援の内容
・目標達成に向けて、園や関係機関ごとに取り組む内容。支援を実施する機関・担当者
・連絡先も記入

評価
・一年程度の取り組みの評価

● 保護者との共通理解が作成の第一歩

　保育内容・方法の検討には、保護者との共通理解は欠かせません。保護者との共通理解が進めば、将来の生活に向けての願いやニーズも本音を聞けるようになります。子どもがどうしたら園で楽しく過ごせるかということを前提に、「相談をしたり、支援を受けたりすることが当たり前」という雰囲気を作ることです。

● 子どもの成長のために

　「個別の支援計画」は、作成することが目的ではありません。支援計画をツールとして活用し、関係機関の様々な支援者と連携・協力し合って質の濃い支援を展開するためのものです。子どもの成長が見えることは、保護者のこの上ない喜びです。そして、子どもとその保護者の笑顔が増えていくことは支援者の喜びや今後のやる気にも繋がるのです。

(3)　小学校等との連携

① 就学先の種類

　就学先の種類は、「小学校」「特別支援学校」があります。小学校には、「通常学級」と障害の種別ごとに「特別支援学級」があります。他に、通常の学級に在籍しながら週に何時間か別の教室でその子に合った指導をする「通級による指導」の制度もあります。特別支援学校は、視覚障害、聴覚障害、病弱・虚弱、肢体不自由、知的障害の5障害に対して専門的に対応する学校に分かれます。

図4　保育園等と小学校での生活の違いの例

	保育所・幼稚園	小学校
通園・通学	親等との登園・降園	一人または集団登下校
規模	小規模集団	大規模集団
生活空間	カラフルな遊具のある園庭	整然とした広い校庭・教室
一日の活動	遊び中心	45分スパンの教科等の学習
活動	ことばかけで知らせる	チャイムで知らせる
トイレ	いつでもいける・洋式が多い	休み時間に行く・和式が多い
昼食	お弁当や給食	当番を伴う給食
着替え	床に座って着替えることが多い	立ったまま急いで着替える

進路の最終的な決定は、本人と保護者ですが、決定に向けて、幾つかの進路先を保護者と一緒に見学して、子どもにとって無理のない最適な進路選択への助言をすることも園の役割です。

② 幼保小の接続に関する現状と課題

5歳児になると年齢の低い子どものお世話をしたり、運動会等でレベルの高い演技をしたりする子どもたちが小学校に入学後に予想も付かない行動をする場合があります。**図4**は、保育園等と小学校の大きな相違点を示した図です。

この時期の子どもは、身体の成長以上に精神面では著しく成長します。**図4**に示すように保育所等と小学校での生活環境は、大きく変わるために戸惑いやストレスを感じてしまうのです。保育者は、この実態を十分に把握した上で、5歳児には保護者とともに接続の取り組みを試みる必要があります。

決定した学校に子どもを何度か連れて行き、環境に少しでも慣れさせておくことは効果的であることを関係の保護者さんに是非助言してください。

以上、この講座の内容をそれぞれの職場での保育に役立ててもらえたら幸いです。子どもとその保護者の笑顔が増えることで、毎日の保育のやりがいが持てることは確かです。皆さん共に頑張りましょう。

参考文献

・ 牧野桂一編著『福岡県保育士等キャリアアップ研修テキスト−障害児保育−』総合健康推進財団、2018年
・ 小竹利夫・芳野正昭・矢野洋子・猪野善弘編著『障害のある子どもの保育・教育』建帛社、2020年
・ 大塚玲編著『教員をめざすための特別支援教育入門』萌文書林、2019年

＊ 下のシールの取扱いについては、表紙裏の「保育心理士＝学びの出発点」をご覧下さい。

「ほいくしんり」
2020／13号

障害児保育1
単位認定
申請シール

雫石弘文
別府大学短期大学部初等教育科教授

子どもを真ん中におく保育

備海真佐美

社会福祉法人杉水福祉会
杉水保育園　主任保育士

はじめに

『熊のプーさん』[1]を翻訳した児童文学作家で翻訳家の石井桃子氏が書いた『子どもたちよ』[2]という一遍の詩があります。

『子どもたちよ』
子ども時代を　しっかりと
たのしんで　ください。
おとなになってから
老人に　なってから
あなたを　支えてくれるのは
子ども時代の「あなた」です。

様々な研究によって乳幼児期の発達が明らかになった今、科学的根拠にも裏付けられる形で、石井氏の詩がより一層心に響きます。子ども時代が生きていく上で土台となっていくことを改めて再確認するとともに、生涯の土台となるような子ども時代を送るためには、どのようなことを大切にしなければならないのかを、考えてみたいと思います。

1 『保育所保育指針』改訂の背景

はじめに、現代の社会情勢を捉えていきたいと思います。平成30年に発行された『保育所保育指針解説』[3]では、今回の改訂の背景について以下のように述べられています。

1. **社会の変化について**
   少子化や核家族化、地域のつながりの希薄の進行、共働き家庭の増加等を背景に様々な課題が拡大、顕在化してきた。
2. **子どもの育ちについて**
   子どもが地域の中で人々に見守られながら群れて遊ぶという自生的な育ちが困難となった。
3. **家庭について**
   乳幼児と触れ合う経験が乏しいまま親になる人も増えてきている一方で、身近な人々から子育てに対する協力や助言を得られにくい状況に置かれている家庭も多い。

同解説書では、このような状況に対しては、保育の現場でもいち早く対応してきたため、「保育関係者の努力によって改善されてきた面もある」としつつも、子育てに対する不安や負担感、孤立感を抱く人は依然として少なくなく、児童虐待の相談対応件数も増加していると述べています。

また、乳幼児期の発達・育ちにおいては、様々な研究成果の蓄積により、乳幼児期における育ちの重要性が明らかになり、その育ちは個人のみならず社会全体にも大きな影響を与えるものとしています。『小学校学習指導要領（平成29年告示）解説』[4]

では、改訂の経緯において、これからの社会は、生産年齢人口の減少、グローバル化の進展や絶え間ない技術革新等により、社会構造や雇用環境が大きく、急速に変化する予想が困難な時代となっていくとしています。そのような時代において、一人ひとりが持続可能な社会の担い手として、その多様性を原動力とし、質的な豊かさを伴った個人と社会の成長につながる新たな価値を見出すことが期待されると述べています。さらには、人工知能（AI）の技術の進歩により雇用の在り方や学校において獲得する知識の意味にも大きな変化をもたらす一方で、人工知能がどれだけ進化しようとも、人間にしかできないことや人間だからこそできることがあるのも事実であり、人間はより人間の強みや良さを生かしながら生きることの大切さが再認識されていくことにも触れています。

このような背景のもと、私たち保育者も、「人間らしさ」や「人間としての強み」といった視点から子どもの育ちを捉え、これからの時代を生きていくための「生きる力」とは何なのかについて、深く考えていく必要があります。すべての子どもが、「現在を最も良く生き、望ましい未来をつくり出す力の基礎を培う」[5] 保育とはどのようなものなのか、「今日」の保育は本当に子どもが現在を最も良く生きることのできる保育だったのか、望ましい未来をつくり出す力の基礎となって

いるのか、など確固たる視点をもって自分（自分たち）の保育を振り返り、明日の保育に繋げていかなければなりません。次の節では、保育の目標を達成すべく、子どもが「現在を最も良く生きる保育」について、実践を踏まえながら考えたいと思います。

2 「現在を最も良く 生きる保育」を考える

何事もそうですが、目標を達成するための方法に関しては、「絶対的な正解」は存在しないと思っています。なぜならば、一人ひとりの性格や資質・能力、興味・関心はそれぞれ違うように、目標を達成するまでの出発点や道のりもそれぞれだからです。また、「現在を最も良く生きる」の「最も良く」の解釈も人それぞれです。誰の、何のための「良く」なのか、この問いに対する認識が違っていれば、その評価も変わってきます。例えば、保育界でよく耳にする一斉保育や設定保育と自由保育においても、両者の「良い」の解釈は決して同じではありません。場合によっては、その保育が「子ども」にとってどうなのか、どのような育ちにつながるのかよりも、一斉保育や設定保育と自由保育はどちらが正しいのか、といったような「一方が正解で他方は間違い」というような二項対立的な議論の末、排他的な結論でおわってしまうことさえあります。

○○式、○○メソッドといった保育も、その考え方や方法を

推進するがあまり、子どもの願いよりも、○○式や○○メソッドを滞りなく遂行することが懸念されます。乳幼児期の身体機能の発達を考えた○○式の保育では、腰をあげて廊下を雑巾で拭き上げる活動があるそうですが、腰が上がっていない子どもを叱咤していると聞きました。また、高い所からなかなか飛び降りることができない子どもに対して、罵声を浴びせる保育者の姿を実際に目にしたこともあります。身体機能と脳の発達を関連づけた動き自体はとても重要なものですが、いくら身体的に「良い」ものであっても、叱咤され続けたり罵声を浴びせられたりするような関わりでは、心にとって「良い」ものではありません。まずは、「心地よい」「楽しい」「素敵だな」といった心情をもとに、「やってみたい」という意欲が生まれ、実際にやってみるといった「心情・意欲・態度」を育むことが保育であり、何かを強化するための訓練では保育とは言えません。

事例1
「お空に足が届くように！」

4歳児のAくんが逆上がりに挑戦していた時のことです。頑張りやのAくんですが、なかなか上手くいきません。そこへ同じクラスのBちゃんがやってきて、「そうそう！」「あと少し！」「あーっ惜しいね」と励ましの言葉をかけています。さらには、「足をチョキにして、思いっきり蹴る！お空に

足が届くように！」と、とてもわかりやすいアドバイスをしていました。まるで自分が逆上がりをしているかのような寄り添う姿に、保育者自身が相手の立場に立って励ますことの大切さを学ぶことができました。Aくんはもう少しで成功しそうなぐらい上達しています。

友だちへの憧れが原動力

4歳児クラスでは逆上がりができる子が増え始め、クラス内でも「逆上がりができてすごい！」「ぼくもやってみる！」という声があちらこちらで聞かれるようになりました。地面をトーンと蹴り、くるっと回る姿は、小さい子どもたちにとっても憧れの的です。Aくんもクラスの友だちが軽やかに回転する姿を見て、「やってみたい」と思いました。心が動き、意欲が芽生えたのです。強制や大人が提示した課題ではなく、友だちのキラキラとした姿への憧れが、Aくんの「やってみたい」という原動力になりました。

また、なかなかうまくいかない時に、自分のことのように熱心に励ましてくれたBちゃんの存在も大きかったと思います。最終的に逆上がりができるようになるためには、自らの手足を動かし、失敗しても繰り返し取り組むほかないのですが、その過程に、Bちゃんのように認め励ましてくれる「伴走者」としての友だちがいるのといないのとでは、やはり違ってきます。「きついな」「無

理かもしれない」と意欲が低下しそうな時でも、「惜しい！」「あと少し！」といった励ましを支えとして、あきらめずに再度取り組むことができるかもしれません。これからの社会を生きる上で大切だとされている「非認知的能力」は、このように自分の興味関心をもとに意欲的に取り組む時に育まれる社会情動的スキル[6]です。

同時に、このような協同性を伴う取り組みを通して、友だちとの絆も育まれていきます。苫野一徳氏は、『愛』(講談社現代新書)[7]の中で、「愛着の共有」としての友情について「単なる『愛着』としての友情よりもいくらか深みのある友情である。互いへの愛着だけでなく、同じものへの愛着を共有する時、そこにはある種の〝絆〟が生まれるからだ」と述べています。同じ場所で一つの目標に向かって共に頑張った取り組みを共有する時、AくんとBちゃんの間には愛着としての友情から一歩進んで、いくらか深みのある友情が生まれているのです。葛藤の時期をくぐり抜けている4歳児が、協同性が芽生える5歳児へと成長していく過程が見て取れます。このような経験は、保育の目標における「(ウ)人との関わりの中で、人に対する愛情と信頼感、そして人権を大切にする心を育てるとともに、自主、自立及び協調の態度を養い、道徳性の芽生えを培うこと」や「幼児期の終わりまでに育って欲しい姿」[8]における、健康

な心と体や自立心、協同性、道徳性・規範意識の芽生えにつながっていきます。

逆上がりに関して言うならば、逆上がりができなくてはいけないというわけではありません。逆上がり以外でも同じことが言えるでしょう。しかし、何事も、できないからとすぐにあきらめてしまうのと、結局はできなかったけれども最後まで全力で取り組んだのとでは、その過程において育まれる力は大きく違ってきます。子どもが「現在を最も良く生きる」とは、「心地よい、楽しい、嬉しい」といった「快」の感情に加え、内発的動機のもと、「夢中になって取り組んだ、失敗しても繰り返し取り組んだ、友だちに支えてもらった、友だちのことを応援した」といった、達成感や充実感を味わうことなのではないかと感じます。

3　子どもを真ん中におく保育

保育所保育指針における「保育の目標」では、「子どもが現在を最も良く生き、」の後に「望ましい未来をつくり出す力の基礎を培う」と続きます。現在が良ければそれで終わりではなく、現在の育ちが未来をつくり出す力の基礎となることも重要です。ただし、この目標に関しては、「将来のために現在がある」という意味ではないことを、改めて再確認した上で話を進める必要があります。小学校教育や将来の前倒しとなるような保育のことで

はないことや、「幼児期の終わりまでに育って欲しい姿」が到達目標ではないということを職員間で十分に共有しておくことが大切です。しかしながら、そのことを知りつつも、現場では「小学校に行ったら一定時間ちゃんと座れないといけないから、座る練習をする」「将来困らないように、今は嫌なことでも我慢して取り組ませる」「好き嫌いはよくないから、食べ終わるまでは席を立たせない」といった関わりが、決して少なくありません。もちろん、「なんでもあり」「食べたくないなら残してもいいよ」ということではありません。しかし、「あとで困らないように」と一方的に何かを「させる」関わりは、子どものことを思っているようで、大人の価値観を押し付けているに過ぎません。「子どもにとってどうなのか」ではなく、「私の言うことをちゃんと聞いているのか」「なぜ私の言うことが聞けないのか」と、いつの間にか主語が「私」になってしまうのです。さらには「私がこんなに考えて頑張っているのになぜ伝わらないのだろう」と、自分が頑張っていることが全面に出てきてしまうこともあります。「何のための保育か」という保育の核となる部分を見失うと、「自分」が真ん中になってしまうのです。

(1) 一人一人が尊重される「対話」

令和2年度より実施されている『小学校学習指導要領』では、「主体的・対話的で深い学び」という文言が明記されました。主体的・対話的な学びがより深い学びにつながっていくことは、子どもたちが日々遊びを通して学んでいる様子を目の当たりにしている保育者からすると、ごくごく自然なことだと言えます。黙々と探求していく「個別の学び」もありますが、「なぜそう思ったのか」「こんな時はどうすればいいのか」など、様々な課題に対して、多角的な視点を持つためには、多様な考えに触れることが大切です。また、市民社会の土台としても、「対話」は欠かせません。権力者がいて市民が服従する社会ではなく、一人ひとりが価値のある人間として対等に生き合うためには、相手の気持ちを考えたり共感したりする感受性や、相手の意向を尊重しつつも自分の意見も伝えていくといった対話する力が必要となります。また、「AなのかBなのか」といった二項対立ではなく「AとBの考えから、Cというよりよい考えが生まれた」というような弁証法的思考も大切です。一方的ではない、攻撃的でもない、だからといって自分が我慢するのでもない、「対話」を通して互いに納得できれば、乳幼児でも自分の気持ちに折り合いをつけながら「ぼく（わたし）」から「みんなのなかのぼく（わたし）」という感受性が育ち、自己犠牲ではない、「共に生き合う社会」が実現していくのです。

(2) イエナプラン教育における「対話」

オランダの教育の一つに、イエナプラン教育というものがあります。イエナプラン教育[9]には「理想の教室（学習空間）」という22項目の望ましいとされる環境がありますが、これは、あくまでも「そうであれば理想的」という指標的なもので、核となるのは「20の原則」という教育理念と「8つのミニマム」というビジョンです。『イエナプラン実践ガイドブック』にも、「メソッドではなくビジョン」[10]と明記してあります。

「8つのミニマム」という教育理念の中に、「対話」という項目もあるのですが、同ガイドブックでは、以下のように書かれています[11]。

対話は、ペーターセン[12]が創始したイエナプラン教育において、最も重視された基本活動です。

対話を通して、人々は、思いを共有したり、意見の違いに気づけるようになります。対話は、一人ひとりバラバラに切り離された存在ではなく、単なる複数の人の集まりでもなく、人と人とをつなぎ一人ひとりの個性を認め、それが生かされる共同体の接着剤の役割を果たすのです。子ども同士の対話、子どもと大人の対話、大人同士の対話が、つながり感情を強化し、共同体を、ひいては学校そのものをより結束の固い人間的な社会

にしていきます。

　AI技術が進歩し、仕事の在り方や人としての生き方において、ますます人々の価値観が多様化する中で、自分とは違った意見や価値観を持った人とも直接的、間接的にもつながりながら生き合っていくために、対話はより一層欠かせないものとなっていきます。

(3)互いに尊重し合うということ

　また、「私はこう思うんだけど、あなたはどう思う？」「私は、○○という理由でこんな風に考えたよ」「あなたの意見の○○のところは、すごくいいと思うけど、○○のところはこんな考え方もあるんじゃない？」といったやり取りを行うなかで、「そっか！そうしたら、○○っていう考え方もあるよね」と、お互いにとってよりベターでお互いが納得できる考え方にたどり着くような対話の土台には、イエナプラン教育の「20の原則」があります。内容的には特別なことは何一つ書かれていませんが、どれも人が人として生きていくためにはとても大切なことばかりです。日本でも、「児童の権利に関する条約」「児童福祉法」「教育基本法」を通して、人権の大切さや人格の完成についての基本的な理念は示してありますが、保育および教育の現場で実践の際に大切にされているとは言えない関わりや場面が多いように思います。なぜ、「知っている」「わかっている」の

に、実践にはつながらないのでしょうか。

　「20の原則」の「人間について」という項目の一番目に、このように書いてあります。

> 「どんな人も、世界にたった一人しかいない人です。つまり、どの子どももどの大人も一人ひとりが他の人やものによっては取り換える事の出来ない、かけがえのない価値を持っています」[13]

　他にも、「人間について」では、イエナプラン教育が「人間」をどのような存在として捉え、どうあるべきと考えているかについて記してあります。日本でも十分に馴染みのある考え方ですが、一点だけ日本の保育・教育界ではあまり明確に打ち出されることのない文言があります。それは、「どの子どもも」の次に掲げられている「どの大人も」という文言です。もちろん、子どもは育ちゆく存在として大人から養護されなければなりませんし、周りの大人が子どもと関わる際に配慮しなければならないこともあります。しかしながら、保育者である私たちも、子どもと同じように世界にたった一人しかいないかけがえのない価値ある存在なのです。人は、子どもであっても大人であっても、かけがえのない存在であり、人として対等であることが保障されてこそ、お互いを尊重する態度が芽生え、対等な関係を築くことができる

のではないでしょうか。

事例2
本当の嬉しさって何だろう

　5歳児クラスでは、男の子を中心にサッカーが大ブームです。「手を使ったらだめなんだよ」「ここから出たらスローインだね」と簡単なルールも理解し、サッカーを楽しんでいます。ただ、よく見てみると、全員が楽しんでいるわけではなさそうです。片方のチーム（以下、Cチーム）の子どもたちはにこにこで意気揚々としていますが、もう片方（以下、Dチーム）の子どもたちは何となく浮かない表情です。どうやら、Cチームにはサッカーが上手なYくんが居て人数も多く、両チームの力の差はかなりあるようです。しばらくして、DチームのTくんが「Yくんと一緒がよかったー！」と大泣きし始めました。担任は、その日のクラスミーティングでTくんのことをみんなで話し合うことにしました。

　みんなで話をするうちに、ほとんどの子がYくんと同じチームがいいと思っていることや、いつもチームの人数が違うことに気づいていました。もちろんCチームが強いこともわかっています。フェアではないことは明らかです。話を進めていくと「Yくんがいるからyくんのチームに入るのは違うと思う」と、チームの分け方がアンフェアだということに気づく声が出始めました。そこで、担任が一歩踏み込んで、「でも、やっぱり勝てたら嬉しいで

しょ？」と尋ねると、何人かは複雑な表情に変わっていきました。その後、ぽつりぽつりと「（チームの勝利）自分でゴールしたんじゃない」「Yくんが頑張ったから勝てた」「でも、本当はゴールを入れたかった」といった言葉が出始めました。その場にいた子どもたちが"自分たちで得た勝利ではなく、Yくんに頼った勝利だった"ことに気づき始め、泣いていたTくんからも「負けたら悔しいけど、自分でボールを蹴ってゴールしたら嬉しい」という言葉が聞かれました。

「勝ったら嬉しい」「負けたら悔しい」という感情自体はごく自然なものですし、時には大きな原動力にもなり得るものです。しかし、成長するにつれ、子ども自身も「本当に嬉しいとはどういうことなのか」に気づき始め、気づいてはいるけど表面的な「勝ち」にこだわる自分と、「それは本当に自分の力だったのか？」と本当の価値を求める自分との間で、揺れ動きながら様々な選択をしていくのではないでしょうか。

事例3
保育者も対話力を磨いていく

また、このような子どもたちの対話を支える土台として、保育者の対話力や多様な視点も必要となってきます。先日行った園内研修では、保育者自身が対話を体験する場を設けました。身近なことから世界で起こっていることまで、対話を必要とす

る事象や課題は様々ですが、今回は、「対話」そのものを体感するというねらいで、リヒテルズ直子氏訳の『てつがくおしゃべりカード』[14]を活用しました。すべてのカードの裏には、対話が深まるよう以下のように書いてあります。

> そうかな？
> **本当にそうだと思う？**
> 他の**考え方**もできる？
> どういう**意味**？
> **いつも**そうだと言える？
> **どうして**そうなの？
> 何か**例**を挙げられる？
> **もし**…だったらどう？
> みんなも今の意見に**賛成**？
> それには何か**ルール**がある？
> それは**どんな場合にも**言えること？

表の「問い」は、以下のようなもの（抜粋）です。
・ゆめもお金に代えられる？
・うれしいっていう気持ちはどこで生まれるの？
・おしおきって何かのやくに立つ？
・なぐったりたたいたりしないでケンカはできる？

2～3人のペアで裏返しのカードを1枚選び、それぞれの意見を出し合います。普段はあまり深く考えることのない「問い」に、最初はみんな戸惑っていましたが、具体的な例を出しながら「こういう場合もあるよね」「でも、こんな場合はどうかな？」と話を

進めていきます。10分弱のやり取りでしたが、研修後の感想ではたくさんの気づきを報告してくれました。

<職員の感想より>

・今まで自分が物事に疑問を持たず過ごしてきたかということに気づいたと同時に、なぜ？どうして？と知ろうとすることがこんなにも面白くてワクワクすることなんだ!!!みんながそう説明しているからと自ら考えもせず分かったつもりでいるのはもったいないと教えられたように思います。

・落ち込むことがあっても、下ばかり見たり考えたりせず、違う視点で考えたり捉え方を変えていったりしたいと思います。

・様々な考えを出し合うことで、より肯定的な考えができ、肯定的な考えが「生まれる」ということを感じています。

人は、自分の見聞きしたことや経験を通して自分の思考が構築されていきます。保育者自身も、互いに尊重し合いながら対話を重ねる体験が不可欠です。保育者としても人として主体的に生きていくことが、子どもを「主体」として受け止め尊重する保育につながるのだと思います。

「子どもを真ん中におく保育」とは、子ども中心の保育ということではありません。「子どもの育ちを真ん中におく」ということです。乳幼児期から学童期を通し

て、自分が周りから一人の人として尊ばれた子どもは、人を尊ぶことの大切さを体で感じ取っていきます。逆に、常に一方的で威圧的な関わりを受けた子どもは、同じようなやり方で周りを支配してしまう可能性があります。そこには「対話」は存在しません。対話が存在しないところには、相互的なやり取りを通した価値観の広がりや人としての深みも育まれにくくなってしまいます。「あなたはどう思う?」と自分自身を「主体的な存在」として認めてくれるやり取りがあるからこそ、「私はどう思っているのか」「なぜそう思ったのか」と自己と向き合い、世の中や他者への理解が広がる育ちにつながっていくのです。

おわりに

戦後の高度経済成長期から成熟社会に移行した現代において、保育・教育の在り方がこれまでになく問われています。「どんな力を育むの?」「これからの社会で生き合うために必要な力ってどんな力なの?」「そもそも人は何にため生きているの?」といった根本的な問いに正面から向き合う時期にきていると思います。若者の自己肯定感や自己有用感の低下、不登校児童の増加、大人のひきこもり問題などをみても、一人ひとりが幸せに生きているとはとても思えない世の中において、保育にできることは何なのか。「一人一人の子どもが、周囲から主体として受け止めら

れ、主体として育ち、自分を肯定する気持ちが育まれていくよう」[15] な「子どもの育ちを真ん中」にした養護的関わりのもと、目の前の子どもたちのキラキラとした目の輝きが、卒園後もずっと続けるような保育および子育て支援を行うことこそが、私たち保育者の使命だと切に感じます。

参考文献

1) A.A.ミルン作『熊のプーさん』岩波書店、1940年
2) 石井桃子、杉並区立中央図書館蔵の式紙より、2001年
3) 厚生労働省編『保育所保育指針解説』フレーベル館、2018年、3頁
4) 文部科学省『小学校学習指導要領（平成29年告示）解説』東洋館出版社、2018年、1頁
5) 厚生労働省編『保育所保育指針解説』フレーベル館、2018年、19頁
6) 自尊心、自己制御、忍耐力といった社会情動的側面における力。参照：厚生労働省編『保育所保育指針解説』（フレーベル館、2018年）3頁
7) 苫野一徳『愛』講談社現代新書、2019年、68頁
8) 厚生労働省編『保育所保育指針解説』フレーベル館、2018年、62頁
9) 参考文献：リヒテルズ直子『イエナプラン実践ガイドブック』教育開発研究所、2019年
10) リヒテルズ直子『イエナプラン実践ガイドブック』教育開発研究所、2019年、16頁
11) リヒテルズ直子『イエナプラン実践ガイドブック』教育開発研究所、2019年、17頁
12) ペーターペーターゼン（Peter

Petersen, 1884 - 1952年）ドイツの教育学教授。イエナ大学で、イエナプラン教育を始めた。
13) DVD『明日の学校に向かってオランダ・イエナプラン教育に学ぶ』一般社団法人グローバル教育情報センター、2015年
14) ファビアン・ファンデルハム作、シンディ・ファンスヘンデル絵、リヒテルズ直子訳『てつがくおしゃべりカード』ほんの木、2018
15) 厚生労働省『保育所保育指針』総則、養護に関する基本的事項、イ情緒の安定（ア）ねらい③

備海真佐美
社会福祉法人杉水福祉会　杉水保育園
主任保育士

関われば
関わっただけの変化が

髙山結

社会福祉法人慈眼福祉会
みのり保育園　主任保育士

はじめに

　みのり保育園がある日田市は、大分県県西部に位置し、周囲を阿蘇・久住山系や英彦山系の山々に囲まれた盆地で、夏になると暑さでは日本一に度々登場する町である。現在の日田市は、2005年3月に1市2町3村が合併し、新日田市となったが、人口、64,000人程の小さな市である。現在、幼保連携型認定こども園9園、幼稚園型認定こども園5園、保育所型認定こども園8園、小規模保育事業3園、事業所内保育事業1園、保育園7園、合計33園の施設がある。中学生までの医療費を全額助成などの助成活動の取り組みは行っているが子どもの人口は年々低下している。

園について

　真宗大谷派の寺院が運営しており、大谷保育協会の『本願に生き、ともに育ち合う保育』という理念のもと「ともに生き、ともに育ちあうところ。すべての人が安心して子育てできるように支えるとともに、その笑顔を見守り続けていきたい。」を園の基本理念に掲げ、2020年4月で開園46周年を迎える。0歳児から5歳児までの6クラスがあり、現在143名が在園。98世帯の家庭を38名の職員で関わっている（2020年3月現在）。その中に、現在8名の保育心理士の資格を持った職員がおり、「子どもたちや保護者に向き合い、心のケアまでをカバーできる保育の専門家」という専門分野を発揮し、職員とともに、日々様々なケースの対応を行っている。

　保育心理士と主任保育士である私は、保護者支援を重点的に行っている。『保育所保育指針』に、「子どもを保育するとともに、子どもの保護者に対する保育に関する指導を行うものであり、その職責を遂行するための専門性の向上に絶えず努めなければならない（第1章 総則　1 保育所保育に関する基本原則（1）保育所の役割　エ）」、

　「保育所における保護者に対する子育て支援は、全ての子どもの健やかな育ちを実現することができるよう、第1章及び第2章等の関連する事項を踏まえ、子どもの育ちを家庭と連携して支援していくとともに、保護者及び地域が有する子育てを自ら実践する力の向上に資するよう、次の事項に留意するものとする（第4章　子育て支援）」、「保育所における保護者に対する子育て支援は、子どもの最善の利益を念頭に置きながら、保育と密接に関連して展開されるところに特徴があることを理解して行う必要がある（『保育所保育指針解説』第4章　子育て支援）」と

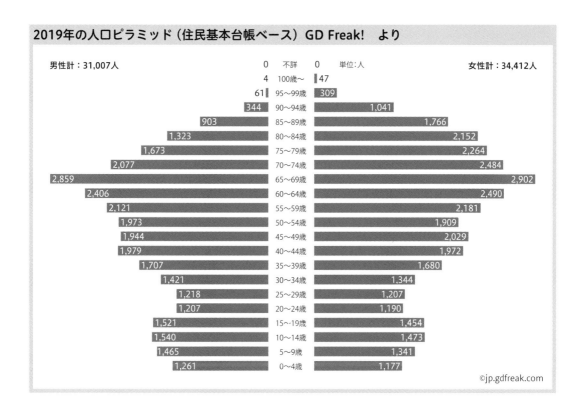

2019年の人口ピラミッド（住民基本台帳ベース）GD Freak!　より

男性計：31,007人　／　不詳 0　／　単位：人　／　女性計：34,412人

男性	年齢	女性
0	不詳	0
4	100歳～	47
61	95～99歳	309
344	90～94歳	1,041
903	85～89歳	1,766
1,323	80～84歳	2,152
1,673	75～79歳	2,264
2,077	70～74歳	2,484
2,859	65～69歳	2,902
2,406	60～64歳	2,490
2,121	55～59歳	2,181
1,973	50～54歳	1,909
1,944	45～49歳	2,029
1,979	40～44歳	1,972
1,707	35～39歳	1,680
1,421	30～34歳	1,344
1,218	25～29歳	1,207
1,207	20～24歳	1,190
1,521	15～19歳	1,454
1,540	10～14歳	1,473
1,465	5～9歳	1,341
1,261	0～4歳	1,177

©jp.gdfreak.com

表記されている。しかし、現場では保護者に関する支援ケースでは、なかなか思うようにいかないことが多い。

当園は0歳、または1歳児で入園したら、転居以外では卒園するまで在籍する園児がほとんどであるため、保護者とも5年から6年間、きょうだい児が多数いる場合には、10年以上関わることになる。0歳、1歳児で入園する子どもの保護者は、当園の仕組みを徐々に覚えてもらいながら園の方針などを理解してもらえるので協力的な保護者が多いが、中には園に対して意見や要望を提出してくる保護者もいる。その場合は、職員会議に議題としてあげ、意見や要望を聞き入れるか入れられないかの話し合いを行う。聞き入れることがでない場合は、丁寧に園長、主任、副主任などが保護者に説明を行っている。しかし、それから何年間か登園し、子どもの成長を日々ともに喜びあう中で、保護者も徐々に園、そして職員に心を開いてくれるようになることが多い。

その様な関係作りを行う上で一番重要なことは、子どもの日々の観察や小さい変化への気づきで、それらを見逃さないようにすること。そして、「私達保育士は、あなたのお子さんをしっかり見守って保育をしています」と、自信を持って保護者に伝えられるように努力している。園での子どもの姿は必ず保護者に伝え、保護者のちょっとした様子を見て、日々、仕事や子育て、家事に奮闘している母親の頑張る姿に共感しながら、声掛けを怠らないように注意し、別のクラスの職員でも色々な保護者と会話ができるような環境作りをすることが、保護者に対する支援だと思いながら取り組んでいる。

配慮が必要な子の確認

毎年、年末が近くなると「次年度への理想の姿に近づくことができているか」という日々の保育の確認作業を、園長を中心に、クラスの担任、主任、副主任で行っている。昨年度も2019

年12月に会議を行った。

　それぞれの子ども達の課題、次年度までに必ず体験しておいて欲しいことの確認、並びに新年度を迎える前に「配慮が必要な子どもの確認」を同時に行った。「知的発達の遅れ」、「行動が気になる子」、「ことばが気になる子」、「医療的課題のある子」、「保護者にかかわる問題」の5つの項目を上げていった。そこで上げられた子ども達の様子を各6クラスから報告してもらいながら、対応していく方向性を探っていった。その中で、4歳児のクラスが現在最も大きな課題に直面していることが確認され、職員全員でのケース会議に事例として取り上げ、対応策を考えていくことになった。

　4歳児クラスは、昨年度、新体制を決める際に、園児数26名を1名担任の配置で考えていたが、3歳児クラスの時より配慮が必要な子どもが数名いたこともあり、園長と協議しクラス担任1名と補助として副主任1名を常時配置することとし、新年度からは2名で関わってきた。

　クラスの中で、気になる子どもの気になる行動等を丁寧に観察してみると、3名に課題があることが明らかになってきた。

- **A君**「行動が気になる子」・「保護者支援にかかわる問題」
- **B君**「知的発達の遅れ」・「ことばが気になる子」・「医療的課題のある子」・「保護者支援にかかわる問題」
- **C君**「行動が気になる子」・「医療的課題のある子」

　上記の3名のうち、本報告では、特に複雑で検討課題の多かったA君の事例を取り上げることにした。

事例
「行動が気になる子」と「保護者にかかわる問題」を抱えているA君

A君：4歳児クラス・
　　　12月生の男の子

家族構成

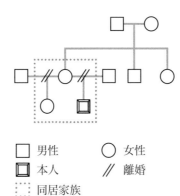

□ 男性	○ 女性
◱ 本人	∥ 離婚
⬚ 同居家族	

家庭状況

　A君の姉Dちゃんは、1歳児で当園に入園。10代後半の母親で、入園をした時からすでに母子家庭の状態であった。当時は、母方の祖父母、弟、妹と大家族で生活をしていたが、幼い子どもを抱えての不安からか、笑顔を全く見せることもなく、私達職員にもなかなか心を開いてくれない状況が続いていた。

　園では、Dちゃんも課題を数多く抱えていた。入園当初、おんぶや抱っこなどの職員との接触を嫌い、全体で集まるホールでは、大きな音が響くことが苦手なためにホールへの入室ができないという状況であった。自分の思い通りにいかないと、奇声を上げ泣き叫び、意識的に鼻水を出すなど感情の起伏の激しさが見られた。新しいことを始めるとパニックを起こして、大きな声で泣き、活動に参加することを嫌がっていた。当時の担任が、「自閉スペクトラム症」ではないかと考え、保健師などの医療機関への働きかけを母親に行ったが、「仕事が忙しいので受診する時間が取れない」ということで相談に行くことができなかった。

　そこで、園としては保健師に園に来ていただき、直接Dちゃんを視診してもらったのだが、園で日常に見られる激しい行動は見てもらうことができなかったため、「3歳児健診の時に注意をして診ます」と言われた。結果として、医療機関への働きかけができなかったので、担任と職員全員でDちゃんが安心して過ごせるような環境作りを取り組み、個別に丁寧にかかわっていくことにした。3歳児健診でも特に目立った行動をしなかったため、医療機関の受診、相談等は必要ないという結果がでた。

　Dちゃんは、4歳児クラス後半頃から、理解や落ち着きをもって行動できるようになった。担任の話にも耳を傾け、家での出来事や母親との会話などを担任や職員にも話すようになった。

しかし、身体全体が極端な乾燥肌で、特に指先が乾燥し手先の指のしわの部分が切れ、いつも血がにじんでいる状態になっていた。皮膚科受診を勧めたが、医療機関への働きかけと同様、「仕事が忙しいので受診する時間が取れない」とのことで、なかなか受診できない状態が続いた。やっと皮膚科を受診することができたが、処方してもらった塗薬を園に持ってくるのを忘れることが多かった。「塗薬を持って来て欲しい」と、送迎時に直接伝え、会わない日は連絡帳に記入するなどしていたが、仕事の忙しさもあってか塗薬を持ってこようとしなかった。何度も塗薬のことを母親に伝えていると、当時、同居していた祖父が、直接職員に苦情を言いに来るということもあった。塗薬のことから見ていくと、園としては、病気への対応がネグレクトに近い状況にあるのではないかと判断したため、Dちゃんの担当地区の保健師、市役所のこども未来室に連絡を取り、連携を取るようにしていた。しかし、突然祖父母の家から引っ越し、A君の父親となる男性とDちゃんの3人で生活を始めた。その後、A君が誕生し4人家族となった。父親の職場が園方向ということもあって、主に父親がきょうだい2人の送迎を行っていた。母親も笑顔で職員と会話するようになり、とても家族が仲良く過ごしているように見えていたが、ある日、母親が2人の子どもを連れ、祖父母の家に帰り、再び祖父母と一緒に過ごすようになり、父親とは別居して離婚するという結果になった。

現在も、なかなか離婚から立ち直れない母親は、祖父母と同居ということもあって、祖父母に子育てを任せている現状である。祖父母も、その様な母親に早く元気になってもらいたいという気持ちから、母親を叱ることもなく、母親を見守りながら孫のお世話をしている。そのためか、母親は子どものことよりも自分自身のことを優先するところが見られる。

A君は、母親と一緒に午前8時前に登園して来るが、深夜遅くまでゲームをしているようで、毎朝眠たそうにしながら登園してくる。お迎えに関しては、母親の仕事は早めに終わっているようだが、延長保育開始寸前に迎えに来るのが日常になっている。

朝の準備から泣きながら大声で叫ぶA君

4歳児クラスに進級した当初、母親が毎日園に持ってくるものの準備を忘れるため、A君は、毎朝クラスの友達と同じように登園したら行う朝の準備（シール帳のシール貼り、お口拭き、お手拭き用タオルの準備等）ができないのでパニックを起こしてしまい、クラスで大きな声で泣き叫んでいた。担任も、初めてA君の担任になったこともあり、すべてが手探り状態だったが、その他の職員に色々相談しながら保育を行った。以前からA君の行動に関しては、「自閉スペクトラム症」の疑いがあるのではないかとも話し合っていたが、Dちゃんの成長過程で見られた改善も考えられるので、Dちゃんに行ってきた対応と同じような配慮を行いながら、園での様子をしばらく見守ることにした。

そのような中で、A君は担任に対して少しずつ心を許すようになり「朝ご飯を食べていない。お腹が空いた」や、前日に着て帰った衣服のまま翌日も登園した際は、「夜、お風呂にはいってない」などと話すようになってきた。担任が、A君の登園時に関わった早番の職員に確認すると、引き渡しの際、母親は特に何も言わず職員にA君を預けて行ったという。

● A君は、前日の園での午睡後に着た衣服のままで登園する。母親に確認すると「お風呂に入れようと思ったら、そのまま寝てしまったので入浴できなかったんです」と話す。

● 母親は、「いつも使っているお弁当箱が、どこにあるのか分からないんです。園に忘れてないですか」と、尋ねてくるがA君のロッカーや他のお友達に確認してもお弁当箱はない。お弁当箱が紛失する度に、新しいお弁当箱を購入してくる。園で弁当箱を探していたところ、園の駐車場にA君の名前が書かれたお弁当箱が落ちて

いたということが数回あった。

● 二週間に一度、体操教室で体操服を使用するのだが、母親に体操服を着用の連絡をしていたにも関わらず、当日は体操服を持たずに登園する。母親に確認すると「家の中を探しても、体操服がどこにあるのか分からないんです」というので、毎回、園にある体操服を使用する。

● お迎え時、A君は母親の気を引くために帰りの準備をわざとゆっくりする。そんなA君に母親は腹を立て、門を出た瞬間から、激しく叱りながら車まで連れて行き、A君は泣き叫びながら車に乗り込むという姿を他の保護者が目にし、職員に報告が入ることが度々あった。

● A君の着替えの補充が足りないので、園の衣服を貸すが母親にいくら借りた服を返却するように催促するけれども、全く貸した服が戻ってこない。

● 母親は、クラスだより、連絡帳などを全く確認しないため、忘れ物が多く提出物などは催促をしないと持ってこないことが多い。

といったことが日々起こっていた。

　担任が、母親の忘れ物を減らし、A君が泣かずに朝の準備ができるようにするために、連絡帳に毎日の必要なもの、園から貸し出したものの返却等を記入したり、直接お願いをしたりするのだが、母親よりも担任の年

齢が下であるということもあってか、担任の話になかなか耳を傾けてくれない状況だった。母親よりも年上になる副主任がお願いをすると話は聞いてくれるが、話を聞くのみで全く変化がない状況が続くため、職員全員でケース会議を行い母親への対応を考えていった。

　ケース会議の中で上記の対応を考え、A君が元気に楽しく園生活を過ごすためにも、職員全員で協力、協調しながら、続けてサポートを行うようにした。しかし、A君が4歳児クラスということもあり、

● なるべく、友達に気づかれないように行う。

● A君が友達に話さないように、担任と2人の秘密にする。

などの特別な配慮を考えながら関わることなど細かく決めた。そして、母親にも母親としての

自覚を少しでも持って貰える様に、

● 忘れ物をした時は、連絡帳に書いて知らせるかお迎え時に直接母親に伝えるようにする。

● 毎回、園からのお願いなどを伝えるのは敬遠されるので、一週間から二週間の間に2回から3回程度とするように配慮する。

● 全く着替える衣服がない時は、母親に連絡し仕事のお昼休みを利用して届けてもらうようにする。

など、すべて園で担任や職員が行うのではなく、母親ができそうなことについては、母親にも関わってもらうような工夫を行った。

現在のA君について

　まずは、A君は、朝食を食べ

A君の問題	A君への園の対応
ネグレクト傾向を感じる	市のこども未来室に、姉の時も同じようなことがあったので、現状は伝えており児童相談所にも伝えている。
登園時の身体に傷等の確認	母親から離れた場所で、職員が衣服の乱れを整えるふりをしながら、本人に気が付かれないように行う。
朝食を食べていない時	別室で未満児に出す朝のおやつを食べさせる。
着替えの洋服等を忘れた時	園の衣類を貸出簿に記入し貸し出すが、なかなか返却をしないので、「返却をするように」と必ず母親に声掛けを行う。
体臭が気になる時	友達に気が付かれないように園で入浴を行う。
母親が連絡帳やクラスだよりなど見ない時	迎えの時に母親を呼び止め、連絡帳やクラスだよりを手渡して内容を確認して欲しいと伝える。

て登園するようになってきた。本人から話を聞くと、「パンを食べたよ」と話す。詳しく話を聞くと、祖父母も早朝の出勤、夜勤などをしているため「ひとりでパンを取って食べて保育園に来た」と話す。また、以前よりもほんの少しではあるが、忘れ物が減ってきている。忘れ物が減ったということだけだが、小さな変化でもA君にとって良い兆しを担任が見つけたら、職員全員に報告し、喜びを共有するようにした。母親に対しても「今日は、忘れ物がなかったのでA君ご機嫌でしたよ。お母さん、ありがとうございます」など、母親が子育てに関わり、子どもに目を向けたことを認め、その事実を褒めること、そして、ほんの少しでも、「子育ては大変だけど面白いですね」と思ってくれるように、A君の園での様子を、小さなことでも伝えることも重要だと感じ、担任や担任が不在の時は、連絡内容を確実に伝えるような配慮を職員全員で行った。

そして、一番の変化は、A君自身が忘れ物をしてもパニックになって泣き叫ばなくなってきた。担任に、忘れたものなどを自分で伝えるようになったのである。そして、帰りの会で、「明日は体操教室です。体操服を忘れないように着てきてください」などの伝言を担任が子ども達にすると、A君は必ず母親がお迎えに来た時に、自分の言葉でしっかりと「明日は体操教室だ

から、体操服がいるからね」と伝えたり、お風呂に入っていないと思われる日の帰りには母親に囁くような小さな声で「今日は、一緒にお風呂入ろうよ」と言ったりする姿を職員が目にするようになった。

そのような姿の報告を担任や職員から聞いた時、A君自身が色々な経験をしたことによって、次の動作を考えられるようになり、A君自身が大きく成長をしたこととパニックになっているA君の横で、「大丈夫よ、大丈夫よ、先生と一緒に準備しましょう」と、言い続けていた担任の努力が実ってきたのだと職員全員で確信した。

母親は、以前は職員を避けるようにして送迎をしていたが、A君の話をしない日は、「お母さんのお仕事は順調ですか?」、「お母さん、顔色悪いけど体調大丈夫ですか?」、「お母さん、髪の毛切ったの?お似合いですよ」など、担任以外の職員も、母親に積極的に話しかけるようにした。すると、母親が段々私たち職員の声に返答をするようになり、ちょっとした雑談に笑顔で応じてくれるようになってきた。忘れ物をした日は、「すみません、○○を忘れました」など、母親の方から年下の担任に対しても謝りを言うような変化も見られた。ゆるやかではあるが、母親の気持ちが少し私達に心を打ちとけてくれるようになってくれたのだと確信した。

今回のケースは、こどもの支

援をすることによって、母親に変化と笑顔をもたらし保護者支援にも繋がった例であると思うとともに、上記のような対応で変化が見られるようになったが、

● 月に一度のお弁当の日に、弁当箱をハンカチで包まず、ビニールのレジ袋にそのまま入れ、デザートのイチゴをラップで包んで持って来ていた。イチゴが潰れ、汁がこぼれ、A君は少し寂しげな表情でイチゴを見つめていた。

● 当園は、給食時の主食のみ持参しなくてはいけないのだが、レンジで温めるご飯やコンビニのおにぎりをお弁当箱に入れて持って来る。給食時には味が落ちるのか、家から持って来る主食については箸が全く進まないので、無理に食べさせない。

● A君は園での給食で、食べ慣れないもの、咀嚼が多く必要なものなどは食べたくないと箸が止まったり、好きなものを食べる時は急いで食べたいのか、素手で取って食べたりすることがある。

などの課題はまだあるが、卒園まであと少し時間が残っている。「子育て支援は、何を、どこまで行うのか」という大きな課題を持ちつつも、A君とA君の母親には、私達職員ができる限りではあるが、きめ細かに関わっていきたいと思っている。

しかし、次に同じようなケースを抱えた家庭に上記と同じような取り組みを行っても、変化は生じないかもしれない。その時はまたケース会議を開き、色々な方法を職員全員で考えていく必要があると思っている。

まとめ

2020年1月に行われた、第12回保育心理研究会の分科会で、「事例研究は、その問題にすぐ着手するのではなく、色々な経緯、子どもと保護者の周りを見極めながら、その課題に対して肉付けをしていくことによって、課題がもっと明確に見えてきます」と伺った。

課題が出てきた時は、各自で見たこと、感じたこと、考えたことなど小さなことでも職員全員で肉付けしていくことによって解決への一歩となると思った。そして、子どもの小さな変化に気づいたら、保育心理士を中心として職員全員で対応を考え、小さな出来事でも良い変化を発見したら職員全員で喜びを共有する。そして、子どもの今後の成長、子どもを取り巻く環境や保護者をどのように見守っていくのかを職員全員で話し合う。当たり前の作業ではあるが、職員間の連携の再確認、そして事例を通して私達自身も成長できるのだと思う。

私達が実践している真宗保育と当園の理念に、「ともに育ちあう」という言葉がある。私達保育士の知識を矢面に保護者に出すことは簡単なことではあるが、子育てに困りを感じている保護者や子ども達に寄り添い、歩み寄りながら保育を行うべきであり、そして、その関わりによって私達も、保護者や子ども達とともに成長ができるのだと思っている。

しかし、人間同士の関わりなので、保護者の心の扉が今日は開いているかもしれないが、次の日は固く閉じた日もあるかもしれない。私達保育士も、今日は優しく保護者に声掛けができても、明日は厳しい声掛けになるのかもしれない。お互い、思い通りにならないことが普通なのではないかと感じるが、ゆっくりと丁寧に保護者に寄り添いながら関わっていくことによって、より良い関係性を作りと、子ども達の明るい未来への一歩を手助けができるのだと思っている。

「保育園にいる間、子どもたちといっぱい関わってください。関われば関わっただけの変化を彼らも親も見せてくれます」

初代園長が、生前いつも職員に話していた言葉である。真宗保育を実践する中で初代園長も子ども達、保護者からお育てにあったからこその言葉なのだと思う。当園のたくさんの保護者や子ども達と関わっている職員達の姿を見ていると、職員の心の中に「ともに育ちあう保育」が浸透しているように思う。

あとがき

本稿は、『ほいくしんり13号』掲載に当たって、保護者から掲載の許可を頂きましたが、事例が特定されないように、事例の本質をゆがめない限りにおいて事例の内容は変えて再構成しています。したがって、本事例と全く同じことが本園にあったと言うことではありません。

参考文献

・厚生労働省編　保育所保育指針解説＜平成30年3月＞発行所　フレーベル館
・柏女霊峰（2010）『保護者支援スキルアップ講座―保育者の専門性を生かした保護者支援 保育相談支援（保育指導）の実際』　ひかりのくに
・柏女霊峰（2010）『保育者の保護者支援―保育相談支援の原理と技術』　フレーベル館
・牧野桂一（2013）『受けとめる保育』「第3章 気になる保護者のタイプとその支援」エイデル研究所
・高山静子（2019）『保育者の関わりの理論と実践 ―教育と福祉の専門職として』　エイデル研究所

髙山結
社会福祉法人慈眼福
祉会　みのり保育園
主任保育士

保育心理士について

子どもを取り巻く状況は混迷し、さらに細やかな保育者の対応が求められています。極端に落ち着きがなかったり、基本的なしつけのできていない子どもたち、つまずきを持つ子どもたちに対して、これまでの保育技術だけではなく、一人ひとりの発達に合わせた適切な対応が求められています。

また、子育てへの漠然とした不安をはじめ、虐待に至ってしまったりその危険性を秘めているケースなど、何らかのトラブルを抱える保護者の存在も、もはや特別ではなくなっています。

保育心理士は、先生と園児という従来の関係を超えて、保護者・地域の方々を含めた社会の中で、子どもも大人も一緒に育ち・支えあえる関係を目指して歩み続ける、(公社) 大谷保育協会の認定資格です。

大谷保育協会加盟・非加盟にかかわらず、どなたでも受講することができます。

保育心理士（一種）資格	● 保育・教育現場における5年以上の経験が必要です。 ● 大谷保育協会が定める「保育心理士資格取得講座」を受講、所定の科目・単位の修了により取得できます。 ● 資格有効期限は5年、更新にはフォローアップポイント20ポイントが必要です。
保育心理士（二種）資格	● 保育士を目指す方が大学・短大などの養成校において保育心理士必修科目の単位を履修して取得する資格です。 ● 保育心理士（二種）養成校については事務局にお尋ね下さい。 TEL：075（371）9207

資格取得の流れ

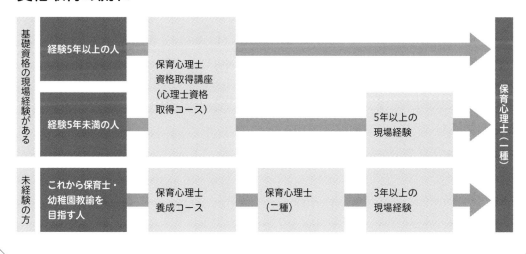

ほいくしんり バックナンバー

ほいくしんり vol. 4
本体1143円+税　2011年12月刊行

- 福島の子どもたちを取り巻く
  "今"と保育者の取り組み
- 被災地視察
- 資格取得の動機と成果を語る
- 個別支援コーディネーターの役割と
  入園前の保護者と子ども支援
- 〈誌上講座〉発達心理学I

ほいくしんり vol. 5
本体1143円+税　2012年8月刊行

- 特別支援教育と幼児教育の狭間
  気になる子どもをみんなで見守り育む
- 保育心理士、県として取り組んだ経緯をきく
  —現場の悩みとニーズに応える保育心理士講座・宮崎—
- 保育のための心理学の基礎
- 東日本大震災……母として、保育心理士
  として感じたこと

ほいくしんり vol. 6
本体1143円+税　2013年5月刊行

- 一人ひとりを大切にする保育とは
- 子どもの発達とことばのつまずき(1)
- 保育心理士のカリキュラムから
  学んだこと—福岡—
- 子どもの心と身体の育ち
  〜脳育はどこから始めるの〜
- 震災後の子どもたちと共に

ほいくしんり vol. 7
本体1143円+税　2014年5月刊行

- 子どもの育ちと私の育ち
  〜一人ひとりに寄り添う保育〜
- 子どもの発達とことばのつまずき（その2）
- 資格取得が自信と発信につながる—岐阜—
- 特別支援保育の実践研究〜特別な保育ニーズ
  のある子どもへの対応と保護者支援について〜

ほいくしんり vol. 8
本体1143円+税　2015年5月刊行

- ともに生きる保育
- 医療現場からみえてくる現代の親子関係
- 保育心理士に伝えたいこと
- 事例研究の持ち方
- 個別支援を要する子の保育の在り方
  〜子どもの姿と保護者支援〜

ほいくしんり vol. 9
本体1143円+税　2016年5月刊行

- これからの乳幼児教育に求められる力
- 未就園の気になる親子の事例〜親子講座において〜
- 親子（未就園児）に関わるときの心構え
- 子どもへの関わり・保育同士の連携について
  〜フリー保育士として〜
- 連携について—「サガエさん」が伝えたいこと—
- 子どもの心に寄り添い愛情ネットワークを広げる
- 特別な保育ニーズのある子どもの
  支援と保護者支援

ほいくしんり vol. 10
本体1200円+税 2017年9月刊行

- ◉ 〈第9回記念講演〉アタッチメント
  子どもの社会的情緒的発達
- ◉ 友達とうまく関係を築けない子の気持ちを
  受けとめることで変わってきたこと
- ◉ ココロの交流について／
  園での支援について
- ◉ 野外活動における子どもへの
  関わり方と課題／子どもを捉える工夫
- ◉ 子育て支援の相談内容分析／
  保育現場における子育て相談と
  保護者支援のあり方
- ◉ 〈誌上講座〉臨床心理学／保育人間学1

ほいくしんり vol. 11
本体1200円+税 2018年11月刊行

- ◉ 〈第10回記念講演〉自尊感情を育む　乳幼児期の
  人の育ちと大人のかかわり
- ◉ 〈シンポジウム〉保育心理士の今とこれから
- ◉ 〈提言〉保育心理士に期待される資質
- ◉ 〈実践紹介〉A君の入園からの成長と
  現在の様子／これからの保育に
  求められること
- ◉ 〈誌上講座〉保育心理演習1／
  カウンセリング演習1

ほいくしんり vol. 12
本体1200円+税 2019年11月刊行

- ◉ 〈第11回記念講演〉ビジュアル学習
  保育における印象判断／診断
  問診・子どもの反応・顔つき
- ◉ 乳児期の愛着形成／
  長い歴史の中で揺れ動く保育観の確認
- ◉ 気になる子どもの事例／
  「わかってほしい、ぼくのきもち」
- ◉ 配慮が必要な子どもの支援と保護者・
  他機関との連携
- ◉ 温かい関わりを大切に／
  「温かい関わりを大切に」のご発表を受けて
- ◉ 〈誌上講座〉保育人間学1／発達心理学1

ご注文方法

バックナンバーをご注文の方は、エイデル研究所出版・広報企画部までご連絡ください。
電話、FAX、メールにてご注文を承ります。ご注文の際には、書名（ほいくしんり・号数）、
冊数、氏名、郵便番号・住所、電話番号などをお知らせください。商品に請求書を同封い
たしますので、後日、郵便局または銀行よりお振込ください。

TEL：03-3234-4641　FAX：03-3234-4644
Mail：info@eidell.co.jp
創刊号〜3号は完売いたしました。

公益社団法人大谷保育協会　保育心理士規程

（趣旨）
第1条 この規程は、公益社団法人大谷保育協会が認定する保育心理士に関する事項について定める。
（業務）
第2条 保育心理士は、次の各号に掲げる業務を行う。
 （1） 乳幼児及び保護者への相談及び指導
 （2） 保育者への相談及び指導
 （3） その他必要な事項
（資格）
第3条 公益社団法人大谷保育協会（以下「協会」という。）は、保育心理士（一種、二種）の資格及び称号を授与する。
第4条 保育心理士（一種）とは、次の各号の一に該当する者であって、協会の認定を受けた者とする。
 （1） 基礎資格の実務経験が5年以上ある者で、協会が行う保育心理士資格取得講座を修了した者
 （2） 協会が認可した学事施設等で設置された保育心理士資格養成課程（一種）を修了し、修了時点で基礎資格の実務経験が5年以上ある者
 2 前項の課程修了者で、実務経験が5年未満の者の認定については、別に定める。
 3 基礎資格については、別表第1号のとおりとする。
 4 第1項の規定にかかわらず、称号を授与することが適当であると保育心理士資格認定委員会において認定された者についても、保育心理士（一種）とする。
第5条 保育心理士（二種）とは、協会が認可した学事施設等に設置された保育心理士資格取得課程（二種）を修了し、協会の認定を受けた者とする。
 2 前項の資格を取得した者は、基礎資格の実務経験が3年経過した後、申請により前条に定める保育心理士（一種）となることができる。
（有効期限）
第6条 第4条第1項に定める保育心理士（一種）のおよび第5条第1項に定める保育心理士（二種）の有効期限は、5年間とする。
 2 資格の更新については、別に定める。
（保育心理士資格認定委員会）
第7条 保育心理士の資格取得及び認定等に関する必要な業務を行うため、保育心理士資格認定委員会（以下「委員会」という。）を置く。
 2 委員会に関する必要な事項は、別に定める。
（保育心理士会）
第8条 保育心理士の育成及び資質向上を目的として、保育心理士会を置く。
 2 保育心理士会に関する必要な事項は、別に定める。
（事務）
第9条 保育心理士に関する事務は、公益社団法人大谷保育協会事務局が行う。
　　　　　附則　　この規程は、理事会の承認を得た日（2000年4月20日）から施行する。
　　　　　附則　　1　この規程は、理事会の承認を得た日（2001年12月26日）から施行する。
　　　　　　　　　2　この規程施行の際、従前の規程により授与された保育心理士の称号は、この規程による保育心理士（一種）の称号とみなす。
　　　　　附則　　1　この規程は、理事会の承認を得た日（2004年7月22日）から施行する。
　　　　　附則　　1　この規程は、理事会の承認を得た日（2008年7月22日）から施行する。
　　　　　附則　　1　この規程は、理事会の承認を得た日（2014年5月15日）から施行する。
　　　　　附則　　1　この規程は、2016年9月26日から施行する。
　　　　　附則　　1　この規程は、理事会の承認を得た日（2017年5月16日）から施行する。
　　　　　附則　　1　この規程は、理事会の承認を得た日（2017年8月30日）から施行する。
　　　　　附則　　1　この規程は、理事会の承認を得た日（2018年5月15日）から施行する。

別表第1号　保育心理士（一種）基礎資格

保育士、幼稚園教諭、小中高教員、特別支援教員、社会福祉士、介護福祉士、精神保健福祉士、臨床心理士、公認心理師、作業療法士、言語聴覚士、理学療法士、栄養士、看護師、准看護師、医師、薬剤師、司書教諭、学校心理士、認定心理士、臨床発達心理士、養護教諭